학교 폭력에도 끄떡없을
내 아이 초등 입학 준비

학교 폭력에도 끄떡없을 내 아이 초등 입학 준비

발행일	2024년 10월 22일		
지은이	박찬미		
펴낸이	손형국		
펴낸곳	(주)북랩		
편집인	선일영	편집	김은수, 배진용, 김현아, 김다빈, 김부경
디자인	이현수, 김민하, 임진형, 안유경, 한수희	제작	박기성, 구성우, 이창영, 배상진
마케팅	김회란, 박진관		
출판등록	2004. 12. 1(제2012-000051호)		
주소	서울특별시 금천구 가산디지털 1로 168, 우림라이온스밸리 B동 B111호, B113~115호		
홈페이지	www.book.co.kr		
전화번호	(02)2026-5777	팩스	(02)3159-9637
ISBN	979-11-7224-337-1 03370 (종이책)		979-11-7224-338-8 05370 (전자책)

(주)북랩 성공출판의 파트너

북랩 홈페이지와 패밀리 사이트에서 다양한 출판 솔루션을 만나 보세요!

홈페이지 book.co.kr • **블로그** blog.naver.com/essaybook • **출판문의** text@book.co.kr

작가 연락처 문의 ▸ ask.book.co.kr

작가 연락처는 개인정보이므로 북랩에서 알려드릴 수 없습니다.

초등 입학 준비부터 학교 폭력 예방까지
예비 학부모를 위한 완벽한 실천 지침서

학교 폭력에도 끄떡없을
내 아이 초등 입학 준비

박찬미 지음

북랩

"갓 구운 빵입니다."

글쓰기 강좌에서 선생님이 세상에서 가장 좋은 음식 냄새를 물었을 때, 이렇게 답했습니다. 갑자기 잊었던 후각이 발동합니다. 어찌 잊을 수 있겠어요? 고등학교 시절, 아침이면 그 애들은 빵집에서 갓 구운 빵과 우유를 들고 와서는 교실에서 참새처럼 손으로 조금씩 쪼아 먹어댔습니다. 고소한 냄새는 빵 냄새가 아니라 부르주아의 냄새였어요. 교실에 퍼져있는 빵 냄새에 정신을 못 차릴 지경이었지만, 갓 구운 빵은 내가 차마 범접할 수 없는 그런 세계에 속했기에 그것을 얻어먹을 생각조차 하지 못했습니다. 한참 배가 고팠을 시절에, 빵을 먹지 않아도 괜찮았습니다. 아니 자존심이 허락하질 않았습니다. 자존심은 남에게 굽히지 아니하고 자신의 품위를 스스로 지키는 마음이고, 자존감은 스스로 품위를 지키고 자기를 존중하는 마음입니다. 그 시절의 저는 다행스럽게도 자존심과 자존감이 높았습니다. 비교적 부유한 환경에 속한 학생들이 많았던 학교에서 상대적 빈곤을 느꼈지만, 상대적 박탈감을 느끼지는 않았던 겁니다.

SNS가 발달한 요즘은 학교에서 상대적 박탈감으로 자존감이 낮아져서 '영포자(영어를 포기한 자)'나, '수포자'(수학을 포기한 자)가 늘어나고 있습니다. 남들과 비교해서 좀 더 우월한 환경을 자주 보며 동경하게 됩니다. 아이의 학습 능력을 과시하는 포스팅을 보게 되면

'저 아이는 나보다 공부를 잘해.'

'쟤네 집은 정말 부자야. 나도 그렇게 산다면 지금보다 훨씬 멋지게 살고 공부도 잘할 수 있을 텐데.'

라는 생각으로 학습에 의욕이 없고, 삶 자체를 무기력하게 느끼고 있습니다. 그 결과 현실을 잊을 수 있는 게임중독에 탐닉하고, 온라인에서 공상하며, 학교 폭력으로 남을 괴롭히면서 우월감을 느끼고 싶어 합니다. 하지만 부모는 아이의 이런 감정을 읽어내지 못합니다. 부모는 최선을 다한다고 생각하지만, 아주 중요한 것을 놓치고 있습니다.

'우리 아이는 왜 이렇게 행동하지?'

속상한 마음은 옆집 아이를 보면서 더 폭발합니다. 속상한 마음 이전에 아이의 마음을 읽어주고 한 번이라도 공감한 적은 있으신가요?

예전에는 먹고 사는 문제만 해결하면 아이를 다 키운 거라고 생각되었습니다. 아이를 키운다는 것은, 무엇을 의미할까요? 그것은 '아이가 성인이 되었을 때 독립적인 존재로 자신이 원하는 삶을 살 수 있도록 힘을 키워주는 것'입니다. '아이 하나를 키우기 위해선 마을 전체가 필요하다.'라는 아프리카 나이지리아의 속담이 있습니다. 한 명 한 명의 아이들은 신이 보내준 가장 소중한 선물이고, 그 선물을 잘 키워

내기 위해선 사회 전체의 전폭적인 도움과 상호작용이 필요하다는 의미입니다. 하늘이 내려준 축복인 아이, 이 귀한 선물을 잘 키워내기 위해서는 우리도 목표를 가져야 합니다. 그 목표란 바로 아이가 건강한 몸과 마음을 갖게 하는 것입니다. 단단한 내면을 가진 독립적인 아이로 크는 것입니다.

책상에만 앉으면 도망가는 아이 때문에 머리 아프십니까? 왜 책상에 앉아야만 공부가 된다고 생각하시나요? 아이가 공부도 잘하고, 아이가 좋아하는 삶을 살도록 도와주고 싶지요? 그러기 위해서는 요즘 세상, 학교, 아이들의 생각이 어떻게 달라졌는지를 알아야 합니다. 학생이 변한 만큼, 학교도 빠르게 변했습니다. 스마트폰 중독, 게임중독, 학교 폭력, 성 문제 등 새로운 고민이 대두되기 시작했습니다. 아이들은 어떤 감정을 갖고 생활하는지, 어떻게 해야 올바른 습관을 갖게 될지, 어떻게 해야 공부를 즐겁게 할 수 있는지, 친구 관계는 어떻게 해야 좋을지, 학교에서 이루어지는 활동은 무엇인지, 자존감을 키우려면 어떻게 해야 하는지, 어떤 책을 읽어야 하는지, 아이와 교감하려면 어떻게 해야 할지 알아야겠지요. **부모의 과잉보호, 통제, 비난의 양육 태도로 인해 자녀의 또래 관계에 부정적 영향을 미칠 수 있습니다. 그로 인해 학교 폭력의 피해자 또는 가해자가 될 수 있습니다.** 또한 부모가 갈등을 해결하는 방식으로 폭력을 사용하였다면 자녀가 그대로 모방했을 가능성도 있습니다.

저는 담임교사와 교과교사로 29년, 교감, 교장으로 10년 지낸 뒤, 얼마 전 정년 퇴임했습니다. 교직생활 동안 학부모가 직면한 상황을 함께 고민했고, 다른 동료 교사와도 많은 대화를 나누었습니다. 시대가 변할수록 그들의 문제가 다양해지기 시작했습니다. 자극적이고 폭력적인 영상과 게임을 접한 아이들이 점점 가상과 현실을 구분하지 못해서 범죄도 늘어나고, 공부에 대한 스트레스와 미래의 불안, 친구 혹은 부모와의 관계 등으로 자살하는 아이들도 늘어나고 있습니다. 수년간 어떻게 아이에게 다가가야 올바르게 커갈지 생각해 왔고 많은 부모가 고민 상담을 해 왔습니다. 우리 아이가 마음 편하게 살아갈 세상에 부모의 역할이 매우 중요합니다. 부모가 아이를 사랑하는 마음은 같을 것입니다. 그러나 **그 사랑을 실천하는 양육 태도와 역할에 따라 아이가 달라질 수 있습니다. 부모와의 상담사례, 학교 폭력을 대비할 방법 등을 함께 공유하고 싶어 책을 내게 되었습니다. 이 책은 초등학교 입학 전에 아이의 행복을 가져다줄 자존감을 키우는 방법, 생활 습관, 예비 학부모로서의 마음가짐을 다루었습니다.**

"The apple does not fall far from the tree(사과는 멀리 떨어지지 않는다).*"*

부모의 행동이나 성격이 자식에게 영향을 미친다는 것을 나타내는 속담입니다. 아이에게

"스마트폰을 하지 마라."

"텔레비전을 보지 마라."

하면서 부모가 아이 앞에서 스마트폰을 보고, 텔레비전을 본다면 아이가 그 말을 제대로 듣고 따를까요? 아이를 키우는 목적은 독립적인 존재로 살 수 있도록 힘을 키워주는 것인데, 이런 현실에서 어떻게 키우는 게 현명한 방법일까요? 우린 어떤 밥상머리 교육을 하는지, 아이와 어떻게 교감하는지 성찰해야 합니다. 내 아이가 남보다 더 낫기를 바라면서 경쟁에서 이기려고만 한다면 아이는 과연 어떤 모습으로 자라게 될까요?

요즘 만난 학부모는 주변 아이와 비교하고

"도대체 네가 잘하는 게 뭐야? ○○이는 영어도 잘한다는데."

라면서 아이의 자존감에 상처를 주더군요. 아이와 좋은 관계를 만들기 위해서는 먼저 육아를 하는 사람 자신의 '사고의 전환'이 꼭 필요합니다. 먼저 잘하려고 하는 마음에 앞서서 편안한 마음을 가지는 것부터 시작하세요. '육아'라는 스트레스를 잘 다스리고, 흔들리지도 말고. 남과 비교하지 말고, 아이와 몸과 마음으로 소통하고 감정을 나누시길 바랍니다. 아이 스스로 문제를 해결할 수 있도록 공감하고 응원해 주시길 바랍니다.

대부분 부모님은 친구 관계보다는 성적을 1순위로 꼽습니다. 친구 관계에 대한 교육은 소홀한데요. 친구 관계는 사실 가정에서 배운 습관과 부모님의 관심 정도에 영향을 받습니다. 친구 관계는 다양한 사람과 연결하기 위한 가장 중요한 방법 중 하나입니다. 친구에게 감정을 어떻게 표현하는가에 따라 갈등의 요소가 줄어들 수 있고 학교 폭력에 대비할 수 있습니다. 이 책에는 **초등 입학 전에 친구들과 관계를 잘 맺고 타인을 배려하는 방법, 부모로서 아이의 자존감을 살리면서 감정 코칭하는 법** 등을 제시하고 있습니다. 준비된 학부모가 되어서 우리 아이가 행복한 초등학교 생활을 이어갈 수 있도록 도와주시기 바랍니다.

✽ **목차**

머리말/ 5

7부 **학교 폭력 예방하려면**

1부

아이도 1학년,
나도 1학년

1장

학부모가 되기 위한 숨 고르기

얼마 전 딸이 아이를 낳았어요. 산후도우미가 딸 집에 오는데, 제가 아기를 안는 걸 보더니, 영 불편해 보였나 봐요. 안아주는 사람이 불편하게 느끼면 아이도 불편해한다고 합니다. 수십 년간 아이를 가르치면서 느낀 건데, 육아 담당하는 사람이 불안하면 아이도 덩달아 불안해하더군요. 아이들은 정서 안정이 제일 필요한데 말입니다. 아이가 커서 초등학교에 간다는 대견함에 앞서서 여러 가지로 고민도 많이 되고, 걱정스럽다는 생각이 들지요? 우리는 왜 그런 불안과 걱정이 생기는 걸까요?

지난 주말 오은영 박사님의 강의를 텔레비전에서 들었어요. 사람은 누구나 한계가 있고, 생명도 한계가 있다고 합니다. 진시황은 늙지 않으려고 불로초를 찾아 평생을 헤맸는데, 차라리 그 시간에 사랑하는 사람과 함께 했더라면 정말 좋았을 거란 말씀이었어요. 우리가 불안을 느끼는 이유는 자신감이 없어서일 수도 있고, 자신의 한계를 느껴서일 수도 있지요. 객관적으로 자신을 돌아볼 때, 넘쳐나는 정보에서 정작 내가 아는 것은 없고, 매스컴에서 떠드는 학교 폭력도 무섭고, 내 아이가 과연 학교생활을 제대로 할지, 처음 아이를 학교에 보내다 보니 더 불안하기만 할 겁니다. 우리가 겪어 보지 못한 새로운 문물은 물밀듯 들어오는데 말이에요. 저학년 때 생활 습관도 바로잡아야 한다고 하고, 부족해 보이기만 한 내 아이가 친구들에게 놀림당하지 않을까 걱정도 많이 되지요.

동화책 모임에서 만난 선생님은 1학년 담임이신데, 아이들과 하루를 시작하기 전에 구호를 외치게 한답니다.

"하기 싫어도 해야 한다. 하고 싶어도 참아야 한다."

일 학년 때부터 아이들 마음을 통제하기 어려우니 이런 마인드 컨트롤을 하나 봐요. 초등학교에 입학하면서부터는 아이의 생활을 관리하기 어려워지는 시기이기도 하지요. 초등학교 시기는 본격적으로 첫 사회생활을 시작하는 시기이고, 단지 하고 싶은 것을 참는다는 것으로 학교생활을 잘한다고 할 수는 없을 겁니다. 사회성, 생활 습관, 학습 등 생활 전반에 걸친 문제라고 할 수 있어요.

부모가 체력이 달리면 쉬면서 건강을 보충해야 합니다. 비행기를 탈 때 산소마스크 사용하는 법을 들어 봤지요? 산소마스크를 먼저 보호자가 낀 다음에 아이에게 착용시키라고 하더군요. 마찬가지로 우선 나를 돌보는 것은, 결코 이기적인 행동이 아니에요. 호흡기는 양육자가 먼저 쓰고 그다음에 아이를 돌보아주게 되는 겁니다. 아이 먼저 마스크를 사용하면 모두의 생명이 위태로울 수 있어요. 자신을 위한 산소마스크가 필요해요. 힘들면 아이에게서 잠깐 벗어나 에너지를 잘 충전해야 해요. 참고 희생해야 한다는 강박관념이 오히려 아이와 부모를 힘들게 합니다. 한정된 에너지가 고갈되면 쉽게 지치고 짜증이 나게 되지요.

'첫 학부모' 경험은 힘들 수밖에 없어요. 왜냐하면 처음이니까요. 그만큼의 노력과 준비가 필요한데, 학부모로서의 기술이나 노하우가 없으니까요. 지금 아이도 학부모도 출발선에 서 있는 겁니다. 미리 걱정할 필요는 없어요. 부모가 단단해지면 아이도 단단해질 겁니다. 혼자가 힘들면 주변 사람에게 당당히 요청해 보세요. 일일이 아이의 행동에 날을 세워, 감정적 대응을 하기보다는 '좀 더 큰 아이'로 키울 준비를 잘해 보세요. 학부모 노릇에 한 발짝 뒤로 물러서서 아이에게 닥칠 순간의 아픔과 좌절도 성장임을 기억하세요. 마음의 무거움을 내려놓고 천천히 나도 잘할 수 있다는 자신을 갖기 바랍니다. 숨 고르기, 잘하실 수 있지요?

2장

내 아이가 가면 좋을 학교

11월이 되어 추위가 서서히 기세를 펼치면 아이의 감기 걱정과 함께 어떤 초등학교를 보내야 할지 고민이 시작될 겁니다. 대부분 공립학교로 보내지만, 아이가 처한 환경을 고려해서 아이의 진로를 잘 선택해야겠지요.

학교 폭력에 대비하려면 여러 요인을 신중하게 생각해서 초등학교를 선택해야 합니다. 사립학교와 공립학교 각각의 장단점이 있어서, 어떤 학교가 더 나은 선택인지 결정하기 위해서는 다음과 같은 요소들을 살펴보는 것이 좋습니다. 어떤 학교가 더 나은 선택인지는 각 가정의 상황과 아이의 성향에 따라 다를 수 있습니다. **학교의 교육 철학, 교사와 학생의 비율, 학교 폭력 예방 및 대응 정책** 등을 종합적으로 고려하여 결정하는 것이 중요합니다.

사립초등학교를 보내려면 미리 10월경 입학설명회를 다녀와서 결정하시기 바랍니다. 11월 초순에 접수하고 3개 학교 지원이 가능해요. 11월 말에 실시간 온라인으로 공개 추첨을 하게 됩니다. 사립초는 개인, 민간단체, 기업 등 사법인이 설립하고 관리 운영하는데 수업료를 받는 만큼 수영, 스키, 스케이트 등 높은 비용의 특기 적성 프로그램을 수업 시간에 배웁니다. 스쿨버스를 타고 등하교를 하지요. 수업료, 급식비, 모든 비용을 가정에서 부담해야 하니 연간 천만 원 넘게 들 수 있어요. 공립초 교사는 임용고시에 합격한 교육공무원이지만, 사립초등학교 교사는 교육공무원 신분이 아닙니다. 사립초등학교에 다니다가 공립초등학교로도 전학 갈 수 있어요. 사립학교는 일반적으로 학급당 학생 수가 적어 교사들이 학생 개개인에게 더 많은 관심을 기울일 수 있습니다. 또 학교 폭력에 대한 자체적인 규정이 있어서, 보다 엄격한 규율을 적용할 수 있습니다.

국립초등학교는 사립초처럼 11월 말에 희망 취학아동 중 추첨으로 선발됩니다. 다양한 교육 프로그램이 진행되어 인기가 많다 보니 경쟁률이 매우 높아요. 국립초등학교는 보통 지역의 교육대학교와 붙어 있는데요. 그래서 교대가 있는 지역만 국립초등학교가 있어요. 국립초등학교는 공립초등학교와 같은 저렴한 비용에 사립초등학교의 커리큘럼을 진행하는 곳으로 부모님들 사이에 인기가 매우 많은 곳이지요. 국립초등학교는 추첨제로 진행되며 학생의 거주지와는 상관이 없이 진학할 수 있습니다. 사립초와 달리, 중복지원이 없고, 스쿨버스를 운행하지 않아요. 등하교를 시키려면 태워 가고, 데리러 가야 해요. 학비가 없고 대학 연계 프로그램이 많습니다.

공립초등학교는 거주지 학군으로 무조건 배정받는 의무 교육기관입니다. 그래서 갈 수 있는 학교가 정해져 있어요. 대부분 공립초등학교를 보내지요. 동네 친구들을 사귈 수 있고 돌봄이나, 방과후 학교 활동을 할 수 있어요. 초등교육은 의무교육이라 급식비나, 별도의 교육비가 들지 않아요. 공립학교는 국가의 규정을 따르기 때문에, 학교 폭력에 대한 대응이 일관적일 수 있습니다. 학교가 집 근처라 걸어 다닐 수 있어요.

외국인학교는 국내에 거주하는 외국인 자녀나 3년 이상 해외에 거주한 경험이 있는 내국인 자녀가 대상이지만, 30% 정도는 내국인 자녀 중에서 선발해요. 국내 대학 진학 시에 학력이 인정되지 않아서 대부분 국외 대학 진학을 목표로 하는 경우가 많아요. 학비가 사립초보다 월등히 비싼 편입니다.

국제학교는 제주도와 인천, 대구에 있어요. 비인가 학교도 많아서 정확한 건 외국교육기관 홈페이지에서 확인해 봐야 합니다. 입시경쟁이 워낙 치열하니, 비싼 학비에도 불구하고 아이를 국제학교에 보내려고 하는데, 그 이유는 외국대학에 진학하려는 거지요. 외국인학교처럼 별도의 조건이 없고 국내 학력 인증이 가능하기 때문입니다. 그래선지 엄청 경쟁률이 높아요.

1년 늦게 혹은 일찍 입학시킬 수 있나?

가능하지만, 부모님 판단만으로 신청하는 것보다는 담당 의사와 같은 전문가의 의견을 참고해서 신중하게 결정하는 게 좋습니다. 조기입학이나 입학 연기는 학교장의 판단을 거치지 않고 학부모의 선택에 따라 확정해야 하거든요. 가급적 취학연령에 맞게 입학하는 것이 학교생활에 적응하는 데 더 좋다고 봅니다. 입학을 연기하려면 입학 전년도 10월 1일부터 12월 31일까지 학부모가 행정복지센터나 면사무소에 신청하게 됩니다. 조기입학도 똑같습니다. 단, 1년만 조기입학이 가능해요. 결정하기 전에, 객관적으로 또래와 비교해서 아이의 상태를 확인할 필요가 있습니다.

취학 유예는 뭐지?

질병, 발육 상태 등의 부득이한 사유로 취학의무를 유예하려는 아이가 대상입니다. 보호자가 학교를 방문해서 신청하는데, 취학 연도 1월 1일부터 입학 전일까지 가능해요. 입학해서 다니다가도 유예 신청을 할 수 있어요. 신청서와 의사 진단서가 필요한데, 유예기간은 1년 이내로 했다가 연장할 필요가 있으면 다시 승인을 받아야 합니다.

학군이 좋은 데로 이사 가야 하나?

공립학교에서는 보통 전체 교사가 5년 정도 근무하면 다른 학교로 전근을 갑니다. 그러니 전체 선생님의 수준이 동일하다고 볼 수 있어요. 학군보다는 아이가 안심하고 편안하게 다닐 학교가 좋은 학교라고 생각됩니다. 좋은 친구들, 이웃들, 어렸을 때부터 보아왔던 익숙한 학교가 좋은 학교이지요.

3장

예비소집일에는 무얼 할까?

아이의 취학통지서를 받고 많이 설레시지요? 전에는 통장이 취학통지서를 집에 직접 전달해 주었지만, 요즘은 온라인으로도 집에서도 전달받을 수 있어요. 아이가 초등학교에 간다는 사실이 믿어지지 않을 겁니다. 어린이집이나 유치원 보내는 것과는, 차원이 다르기도 하고요. 교실로 가는 아이의 뒷모습만 봐도 괜히 눈물이 막 나올 겁니다. 입학 첫날은 아이 못지않게 긴장하게 되지요. 1학년 담임했을 때, 초롱초롱하고 한편으론 잔뜩 겁먹은 아이들 표정이 잊히지 않네요. 첫정이 참 오래가더라고요. 다른 학교로 전근 갔는데도, 제게 전화하는 예쁜 친구들이었어요. 취학통지서는 잘 보관해야 해요. 예비소집일에 내야 하거든요. 분실하면 주민센터에서 재발급이 가능하긴 해요.

예비소집일에는 아이와 손잡고 학교에 가야 해요. 예전에는 아이가 꼭 오지 않아도 됐지만, 요즘은 국가 차원에서 소재 파악에 신경을 쓰니 꼭 데려가야 합니다. 만약에 아이가 오지 않으면 주민센터, 경찰서, 출입국 관리소에까지 연락해서 소재 파악을 하게 되니 꼭 아이를 데려가세요. 소집일에 가는 시간이 오후 4시부터라고 들었지만, 학교마다 다를 수 있으니 확인해야겠지요? 그날은 학교에 가서 학교에서 준비한 안내서를 받아오세요. 아이와 학교를 미리 둘러보고, 낯선 환경이지만 학교는 즐거운 곳이라는, 인식을 심어줄 필요가 있어요.

"선생님은 유치원 선생님하고 달리 굉장히 무서워."
라는 말로 아이를 겁주지 마세요.

교장 재직 중엔 아침마다 아이들의 등교를 교문에서 지켜보았어요. 1년 내내 아이가 엄마 품에서 벗어나지 않으려고 대성통곡하고 우는 아이를 보았습니다. 애착 분리 현상이라고 하나요? 여러 원인이 있겠지만, 학교라는 낯선 환경과 선생님, 친구들과 적응하는 과정이 쉽지 않아서 등교를 거부하는 사례가 있어요. 아이가 입학을 앞두고 있으면, 부모도 불안이 많아집니다. 어떤 가정에서는 엄마나 아빠가 아이가 학교에 들어가는 시기에 직장에 휴직계를 내기도 한다네요. 우리 아이가 학교에 적응을 잘할지, 아이들과 잘 어울릴지, 뒤 처지지는 않을지 걱정으로 초조해지기 마련이지요. 그런데 그거 알아요? 아이들은 그런 부모의 마음을 누구보다 먼저 읽게 되고 덩달아 걱정하게 된다는 거요. 아이도 어른과 똑같이 자신감을 잃고 우왕좌왕하게 돼요. 부모가 미리 준비하고 확고한 교육관을 정립하게 되면, 다른 엄마들 정보나 맘카페에서 하는 이야기에 흔들리지 않게 되지요.

예비소집일에 학교에 가면 주소별로 줄을 서고, 연락처를 적은 취학통지서를 제출하고 아이를 확인하면 끝나게 됩니다. 40년 전에는 아이의 옷차림을 보고 상, 중, 하로 표시하면서 반 편성하던 시절이 있었지요. 그러나 요즘은 주소지별, 태어난 달, 남녀 인원수를 골고루 맞추어서 반 편성을 합니다. 물론 학교마다 반 배정 기준이 조금씩 달라요. 2학년부터는 학업 수준, 태도, 교우관계 등을 두루 고려해서 반 편성을 합니다. 쌍둥이는 부모님이 원하면 같은 반에 넣어줘요. 쌍둥이인지 학교에서는 확인이 되질 않기 때문에 반드시 의사를 미리 알려줘야 해요.

예비소집일에 받는 서류는 아래와 같아요. 꼼꼼히 읽고 제출할 것을 잘 챙겨서 아이 편에 보내야 해요. L자 파일이라고 비닐로 된 파일에 넣어 보내면 됩니다.

1. 학교 안내(학교 현황, 교실 안내, 학교 교육활동 안내)
2. 아동 기초조사서(새 학년이 되면 새 담임선생님께 제출하는 기본서류, 음식 알레르기, 복용 중인 약이 있다면 꼭 써서 학교에 낼 것)
3. 예방접종 확인서(예방접종 빠뜨린 게 있는지 질병관리청의 '예방접종 도우미' 사이트에서 확인. 미접종 시 학교에서 권하는 기간 내에 접종하도록 권고함)
4. 돌봄 신청서(저소득층, 한부모 가정이나 맞벌이 가정 자녀 대상)
5. 새내기 학부모 길라잡이(학교생활 안내, 안전교육, 학교생활 Q&A)
6. 수익자부담 경비 납부 방법 신청 출금 동의 안내(스쿨뱅킹) - 돌봄교실 간식비, 현장 체험학습비, 졸업앨범비 등이 수익자부담 경비에 해당, 자동이체로 할 건지, 신용카드로 납부할지 선택, 신용카드로 하고 싶으면 카드사로 직접 신청. 계좌이체일 경우, 현금이 남아있는지 수시로 확인

7. 교육 급여 및 교육비 지원 안내: 중위소득 50% 이하의 저소득층 가정에 교육 급여와 교육비 지원

8. 개인정보 동의서: 학교 홈페이지 관리, 교내외 교육활동 운영, 문자서비스, CCTV 관리, 도서관 활용, 온라인 수업 등을 위해 개인정보 동의서를 받음. 동의란에 체크 표시하면 됨

9. 방과후 학교 프로그램 안내문과 수강 신청서

10. 우유 비급식 동의서(우유를 먹지 않겠다고 신청할 수 있음)

11. 학교 교육과정 안내문

※ 위의 유인물을 분실하면 학교 홈페이지에서 다운 출력하거나 교무실에 문의해서 다시 받을 수 있어요.

예비소집일에는 학교에 가서 학교를 둘러보고, 놀이기구도 타보았으면 좋겠어요. **미리 학교 가는 길을 아이와 같이 가보기도 하고, 문방구, 약국 등 필요한 장소를 익히고, 길을 건너보고, 학교 가는 시간이 얼마나 걸리는지도 알아보고요.** 학교에서 허락한다면 1학년 교실도 둘러보고, 가까운 화장실도 알아보세요. 아이가 원한다면 교장 선생님께 인사를 하러 가도 좋고, 보건실이 어디에 있는지 확인하는 것도 괜찮아요.

특정 아이와 같은 반, 혹은 다른 반이 되게 해달라고 부탁할 수 있나요?

단순히 친하다는 이유로 같은 반이 되게 해달라거나, 사이가 좋지 않다는 이유로 다른 반이 되게 해달라는 부탁은 들어주지 않아요. 유치원에서 학교 폭력의 피해자나 가해자와 같은 특별한 경우라면 학교에 미리 알려주는 게 좋아요. 납득할 만한 사유가 있다면 직접 학교에 이야기해야 합니다.

4장

입학 전엔 무얼 준비해야 하나?

선생님들 사이에선 '1학년 학부모도 1학년'이란 말을 해요. 그만큼 학부모가 학교생활 전반에 걸쳐서 모르는 게 많지만, 한편으론 스펀지에 물이 스며들듯. 선생님의 지시에 순수하게 잘 따라주기도 합니다. 입학 전에 해야 할 일을 차분하게 점검해 볼까요?

1. 가장 먼저 **예방접종**을 다 했는지 점검해 봐야 합니다. 예방접종 도우미라는 사이트에서 먼저 회원가입을 합니다. 그리고 아이 정보를 등록하면, 예방접종 조회를 할 수 있어요. 혹시 기록되지 않은 것이 있으면, 해당 병원에 문의해 보세요. 인터넷 회원가입이 어려우면 병원에 문의하는 게 제일 편해요.

2. 아이가 기본적인 인적 사항을 익히도록 연습하는 게 필요해요. **학교, 학년 반, 전화번호, 주소 등을 스스로 쓸 수 있으면 좋겠어요.** 자기 이름과 부모님 이름도 외워서 쓸 줄 알면 좋겠지요?

3. 생존수영 학습이 전 학년으로 확대되었어요. **미리 가정에서 물에 뜰 수 있을 정도, 가능하면 자유형까지 익히는 것이 좋아요.** 옷도 단정히 혼자 입고 벗을 수 있어야 수영강습 후 스스로 옷매무새를 처리할 수 있습니다.

4. 학교는 많은 것을, 배울 수 있는 곳이고, 새 친구들과도 만나는 즐거운 곳이라는 인식을 심어주세요. 집이 아닌 곳이라 긴장하고, 불편할 수도 있지만, 긍정적으로 이야기해 주세요.

〈개인적인 준비물은 이렇게〉

아마 학교에서도 예비소집일이나 입학식 때 자세히 준비해 주겠지만 입학 전에 준비해도 무방한 것과 학교 안내문에서 제시한 것들을 구분해서 설명하겠습니다. 요즘에는 학교에서 학습준비물을 어느 정도는 준비해 줘요. 학교에서 준비하는 것 외의 것만 사두면 됩니다.

◇ 책가방

백화점에서 파는 책가방 가격을 보고 많이 놀라실 겁니다. 그런데 아이가 기죽을까 봐 비싼 가방을 사는 건 어리석은 일입니다. 비싸게 산 책가방이 얼마 지나지 않아 불편하다고 다른 것으로 바꾼다고 생각해 보세요. 엄청 속상합니다. 책가방은 무조건 가볍고 부드러워야 해요. 비 오는 날 물에 닿아도 금방 마를 수 있는 가방이면 좋겠어요. 가방에 교과서와 필통, 물통이 들어가면 아이가 감당하기 힘든 무게가 될 수 있습니다. 가방을 의자에 걸어두기 때문에 가방 윗부분을 열 수 있어야 해요. 가방의 윗부분을 여닫을 때 불편함이 없어야 한단 뜻입니다. 아이가 가방을 멜 때, 가슴 고정 버클이 있는 게 좋아요. 길을 걸을 때, 가방끈이 내려오지 않게 방지해 줍니다. 가슴 고정 버클을 아이가 쉽게 풀고 채우기 쉬운지도 시험해 보세요. 자석으로 된 가슴 고정 버클이 있으면 더 편리하겠지요. 아이가 스스로 풀지 못하는 경우가 많습니다. 그러니 스스로 채우고 풀기 편한 제품인지를 알아봐야 해요. 가방 양옆에 물병을 넣을 수 있는 공간이 있으면 편해요. 수시로 아이가 편하게 물을 마실 수 있어요. 책, 필통, 학용품, 학습준비물, 물통 등을 아이가 쉽게 넣고 빼기에 편한 가방이 좋습니다. 이름은 책가방 안쪽에 써넣도록 합니다. 책가방 이름을 바깥에 써놓으면 범죄의 표적이 되기 쉽거든요.

"○○야, 내가 엄마 친구야."라고 접근할 수 있어요. 세상이 무서우니, 항상 조심하는 게 좋아요. 가방을 살 때는 아이와 같이 가서 본인이 좋아하는 걸로 고르게 하되, 위에서 언급한 가방, 즉 가볍고 부드럽고, 양옆 주머니가 있고, 가슴 고정 버클이 있으면서 가방 윗부분을 열 수 있는 디자인 중에서 아이가 원하는 색상으로 골라보는 게 좋겠어요.

◇ 실내화

아이의 발에 잘 맞고 바닥이 미끄러지지 않는 고무 재질로 된 신발이 좋아요. 실내화는 발에 꼭 맞는 것으로 골라야 해요. 너무 크면 아이가 넘어지기 쉽고 너무 꽉 끼면 구겨 신게 되어 불편합니다. 양말을 신은 상태에서 꼭 맞는 것으로 고르세요. 슬리퍼형은 계단에서 넘어지기 쉬워요. 다들 비슷한 모양의 실내화를 신기 때문에, 뒤꿈치에 이름을 써서 사용하세요. 저는 아이들이 신발주머니를 갖고 다니는 게 위생적으로 좋지 않아서 복도에 두었다가 주말에 집에서 깨끗이 세탁해서 가져오도록 했어요. 그랬더니 가끔 월요일에 신발주머니 가지고 오는 것을, 깜박 잊는 아이가 있더군요. 방과후 학교에 다니거나, 돌봄교실에 가는 아이는 교실에 다시 가져다 두기 성가시다고 매일 가지고 다니는 게 편하다고도 해요. 그런 면에서는 자율적으로 하라고 두었는데, 학교마다 방침이 다를 수 있어요.

◇ 연필

연필은 6, 8각으로 각이 진 것을 깎아서 준비하세요. 2B 연필이나 4B 연필을 쓰면 되고, 샤프는 사용하지 않는 게 좋아요. 힘주어서 글을 쓰면 심이 자꾸 부러지고. 샤프 쓰다가 친구의 얼굴을 잘못해서 긁는 수도 있어요. 연필심을 입에 물거나, 연필을 다른 사람의 얼굴로 향하게 들지 않도록 해야 해요. 안전사고의 위험이 있습니다. 실제로 눈에 샤프심이 들어가 다치는 사례도 있었고 연필로도 많이 다쳐요. 그런 사례로 학교 폭력 신고를 하기도 합니다. 안전사고와 구별해야 합니다. 교실마다 연필 깎기가 있어서 집에서도 연필 깎기를 사용하는 연습을 하고 오면 많은 도움이 됩니다.

◇ 필통

딱딱한 재질보다는 부드러운 천이 좋아요. 갑자기 필통을 떨어뜨리면 큰 소리 때문에 수업의 흐름이 끊기게 되고, 아이가 집중 받게 되는 민망한 상황이 될 수 있어요. 게임기가 부착된 필통은 아이가 그곳에 계속 신경 써서 수업은 뒷전이 될 수 있어요. 또 너무 부드러운 천이어서 가방 안에서 눌리면 연필이 부러지기 쉬워요. 적당한 두께의 천이 좋습니다. 필통에는 잘 깎은 연필 3~4자루, 지우개, 자, 네임펜, 빨간 색연필 정도를 넣고 다니는 게 좋아요. 센스있는 학부모는 두 개의 필통을 준비해 주기도 해요. 하나에는 풀, 가위, 셀로판테이프를 넣게 하고 다른 하나에는 색연필, 사인펜, 연필, 지우개를 넣게 하지요. 물론 필요할 때마다 사물함에서 꺼내 쓸 수도 있어요.

◇ 지우개

부드럽고 말랑말랑해서 잘 지워지는 지우개가 좋아요. 너무 작거나 캐릭터 모양의 지우개는 아이가 입이나 코, 귀에 넣기도 해요. 딸이 일 학년 때 귀가 아프다고 해서 병원에 갔는데, 글쎄 엄지손가락만 한 지우개가 귀에서 나왔지 뭐예요. 또 어떤 아이는 지우개를 다른 아이에게 던져서 눈을 다치게 한 일도 있어요.

◇ 딱풀

딱풀은 아이들이 많이 쓰기 때문에 작은 것보다 큰 걸로 준비해 둬요. 뚜껑을 잘 잃어버리는 경우가 많으니 뚜껑에도 이름 스티커를 붙여주세요. 항상 다 썼는지 확인해서 미리 준비하면 좋아요.

◇ 가위

가위는 아이 손에 적당한 크기로 준비하세요. 혹시 왼손잡이인 경우에는 왼손잡이용이 따로 준비되어 있어요. 왼손잡이 아이를 꼭 오른손으로 사용하려고 권하거나 교정할 필요는 없어요. 다만 왼손과 오른손 양손 다 활용할 수 있도록 하면 좌뇌, 우뇌 발달에 좋기 때문에 양손을 다 활용할 수 있도록 지도하면 됩니다.

◇ 우산

어렸을 적에 우산을 자주 학교에 놓고 오곤 했어요. 그러다 보니 집에 우산이 늘 부족했지요. 형제가 많으니 서로 고장이 나지 않은 좋은 우산을 차지하려고 했어요. 큰딸인 저는 싸우기 싫어 늘 찢어진 우산을 들고 학교에 갔었지요. 그래서인지 지금도 비 오는 날이 싫어요.

요즘 비 오는 날은 아이들의 울긋불긋한 우산, 우비, 장화로 교문이 화려합니다. 비슷한 형태의 우산이 많으니 이름표를 붙여주는 게 좋아요. 아이들은 우산을 펴거나 접는걸 못하는 아이가 많아요. 고학년이 되어서도 마찬가지입니다. 찍찍이 형태의 우산이 접기에 편리하지요. 아이와 운전자의 시야를 위해서 **색상이 밝은 우산이나, 투명 우산**이 좋아요.

◇ 이름 스티커

아이가 사용하는 모든 학용품과 개인용품에 이름 스티커를 붙이거나, 네임펜으로 이름을 적어 놓아야 해요. 필통에 여분의 이름 스티커를 넣어 다니면, 혹시 붙이지 못한 물건에도 수시로 붙일 수 있지요. 분실물 코너에 보면 색연필, 크레파스가 많은데, 이름을 붙이지 않으면 자신의 것인지도 모르는 경우가 많습니다. 크레파스나 딱풀 하나에도 이름 스티커를 붙이면 분실한 것을, 찾기가 쉽지요. 요즘 부모님은 물건의 소중함을 잘 일깨워주질 않는지, 잃은 물건을 찾기보다는 새로 사주는 모습을 많이 보게 됩니다.

TIP

입학 전 건강 점검

1. 감염병 예방을 위한 4종 백신(MMR 2차, DTaP 5차, 폴리오 4차, 일본뇌염 사백신

   4차 혹은 생백신 3차)

2. 집중력을 떨어뜨리는 코막힘이나 축농증 치료

3. 치아 상태 확인

4. 시력검사

5장

입학 후 준비해도 될 것은?

1. 새로운 환경에 적응하느라 긴장이 지속되면 면역력이 떨어져 아플 수 있어요. **주말에는 충분히 피로를 풀도록** 휴식 시간을 여유롭게 갖는 게 좋습니다.

2. **말하기 연습**이 필요해요. 수업하다 보면 화장실이 급해도 친구들 앞에서 창피해서 말을 하지 못해서 실수하는 아이가 있어요. '화장실 가고 싶어요.', '배가 아파요.' 등 꼭 필요한 말을 말하도록 용기를 갖게 해주세요. 친구와의 관계에서, 하고 싶은 말을 지혜롭게 전달하는 연습을 해 보고. 친구가 불쾌하지 않게 의견을 정확하게 거절하는 방법, 등 역할놀이를 통해서 말하기 연습을 집에서 충분히 하도록 합니다.

3. 교실에서 **바른 자세**로, 돌아다니지 않고 자리에 앉도록 지도해주세요. 초등의 경우 40분 수업이므로 정해진 장소에서 바르게 앉아야 한다고 충분히 설명하고. **혼자서 화장실 가기, 노크하는 방법, 용변 후의 처리 방법**도 익히도록 지도 바랍니다.

4. 아이에게 성장한 부분을 칭찬해 주고 아이의 눈높이에 맞추어, **학교에서 일어난 일로 대화를 많이 하는 것이 중요해요. 선생님을 존중하고, 아이 앞에서 선생님에 대한 부정적인 말은 피해야**

합니다. 낯선 환경에 적응해야 하는 일은 어른들뿐만 아니라 아이들에게도 쉽지 않아요. 아이와 함께 아이의 눈높이에 맞춰 학교생활의 여러 가지 어려움을 함께 이야기하면서 아이에게 자신감과 불안감을 해소해 줄 수 있는 시간을 가져보는 게 중요합니다.

5. 처음 며칠 동안은 함께 학교에 가보고, 실내화도 **스스로 신도록 격려해 줘요.** 좀 익숙해지면 아이가 혼자 가는 것을, 먼발치에서 지켜보고, 혼자서도 잘하는 것이 있으면 칭찬해 주세요.

6. **평소에 스마트폰을 멀리하고, 줄넘기 등으로 꾸준히 건강을 지키도록 합니다.**

7. **자기 물건을 소중히** 여기고 잘 챙기도록 충분히 지도해야겠지요. 요즘 분실물 보관함엔 찾아가지 않은 물건으로 가득해요. 이름 스티커를 학용품에 붙이고, 실내화에도 이름을 쓰고, 평소에도 물건을 제자리에 정리 정돈을 하는 습관을 갖도록 연습하는 게 좋습니다.

TIP

자기소개 잘하기

자기소개는 친구들이 나를 오래 기억하게 하는 것이므로, 누구나 잊어버리지 않을 이야기를 하는 게 좋습니다. 이름, 잘하는 것, 장차 되고 싶은 나의 꿈 등 이야깃거리를 정해 놓고 말하면 조리 있게 말할 수 있어요.

〈입학 후의 준비물〉

◇ 보조 가방

보조 가방도 책가방처럼 가볍고 편하면 좋아요. 요즘 에코백을 많이 들고 다니던데, 그걸 사용하면 학습준비물을 들고 갔다가 다시 빈 가방으로 가져올 때, 돌돌 말아서 책가방에 넣어 오면 편리하지요. 학기 말 새 교과서를 받을 때도 책가방 안에 에코백을 가져갔다가 그곳에 교과서를 넣어 오면 좋습니다.

◇ 공책

공책은 미리 준비하지 마시고, 담임선생님이 이러이러한 공책을 사라고 지시해 줄 때 새로 사면 좋아요. 무제 공책, 8칸 공책, 종합장 등을 자세히 일러줄 겁니다.

◇ 색연필, 크레파스

초등학교 때 몽땅 크레파스라도 충분했으면 했는데, 많이 쓰는 색이 없어서 참 힘들었던 기억이 납니다. 요즘은 학교에서 색 수를 안내해 주니 너무 많은 색 수의 크레파스나 색연필을 사지 마세요. 색연필도 돌려서 사용하는 게 편합니다.

◇ 색종이

색종이는 학습준비물로 학교에서 제공해 주지만, 집에서도 쓸 수 있으니 대용량으로 사서 준비해 두면 좋아요. 학교에서도 비상용으로 사물함에 준비해서 넣어 두세요.

◇ 자

저학년에서는 별로 쓸 일이 없지만, 학교에서 준비하라고 하면 필통에 넣을 플라스틱 자를 준비합니다.

◇ 물티슈

교실에서 급식을 먹는 학교에선 책상 정리용으로 필요해요. 미술 활동 후 주변 정리 정돈을 할 때도 필요하고, 될 수 있으면 뚜껑이 달린 형태가 사용하기 편리합니다.

◇ 바구니, 책꽂이, L자 파일

책꽂이, 바구니는 학교에서 하라는 대로 준비하면 됩니다. 사물함에 들어갈 정도의 크기로 지정해 줄 겁니다. 책꽂이는 게시판 밑, 사물함 위에 책 보관용으로 준비하라는 학교가 있어요. L자 파일이라고 하면 문구점에서 다 알아들어요. 가정통신문을 넣어 두는 비닐 파일입니다. 학교와 학원용으로 나누어 몇 개 정도 준비해 두면 좋아요.

◇ 학교 체육복

어떤 색으로 어떤 걸 사라는 지시가 있기 전에는 준비하지 마세요. 학교 경비로 사주는 경우가 있어요. 또 체험학습 날 반별로 통일해서

색을 맞추어 입기도 하지요. 상의 색이 같아서, 학교에서 분실하면 찾기 어려우니 안쪽에 이름을 적어두면 좋아요.

◇ **물병**

아이들이 물병을 열지 못해서 끙끙대는 경우가 많아요. 원터치 스테인리스 물병은 한 번만 눌러도 마개가 열러 계절에 맞게 시원하거나, 따뜻한 물을 마실 수 있어서 편리합니다.

6장

입학식은 이렇게 진행돼요

해마다 입학식 날은 왜 그렇게 추운지 몰라요. 추운 날 아이의 마음도 추워질까 걱정입니다. 얇게 입은 아이들 보면 감기 걸릴까 봐 안타까운데요. 사진 촬영도 해야 하고, 남들보다 번듯한 옷을 입히고 싶은 마음은 이해하고도 남습니다. 강당에 있다가 교실로 갈 텐데 얇게 옷을 입혔다면, 3월 내내 감기로 고생할 수 있어요. 얇은 옷을 여러 겹 겹쳐 입히거나, 조끼를 입혀 보내는 걸 고려해 보세요.

입학식 전에 **학교 홈페이지에 반 배정표를 게시**하게 됩니다. 이때 아이의 개인정보가 유출되지 않도록 학생 이름 가운데 글자를 *로 표시하지요. 입학식 당일에 학교 현관 앞에도 그렇게 표시된 걸 게시합니다. 입학식장에 들어오는 아이들은 입구에서 반을 확인하고, 담임 선생님의 안내로 자리에 앉아요.

코로나 전만 해도 입학식은 동네잔치였지요. 할머니, 할아버지, 이모, 고모 온 가족이 출동해서 아이의 입학을 축하해 주었어요. 저도 입학식에 신입생을 위해 그림책을 화면에 띄워 전교생을 상대로 책을 읽어주었어요. '특별한 입학식'을 준비했던 기억이 납니다. 예전에 끊일 듯, 끊일 듯 끊이지 않던 교장 선생님의 지루한 훈화를 기대(?)했던 학부모들이 모두 신선한 충격을 받은 모습이었어요.

입학식은 3월 2일에 하게 됩니다. 이제 코로나가 안정되다 보니 입학식에 학부모도 참여할 수 있어요. 학교마다 시간은 약간 차이가 있지만 거의 10시 전후로 한 시간 정도 진행되는데, 학교장 축하 인사, 담임교사 소개, 선후배 축하로 이어집니다. 입학식 이후에는 담임선생님과 교실로 이동해요. 자리를 정해주고 선생님과 친구들의 얼굴을 익힙니다. 다음날의 학교생활에 대한 간단한 안내로 다른 날보다 일찍 끝납니다. 그날은 급식이 없고 정규수업도 없어요. 학교에서 주는 유인물이 많고, 담임선생님의 안내가 많으니, 선생님의 말씀에 귀 기울여야 해요.

학부모 연수를 입학식 다음 날부터 3일 정도 받는 학교도 있고, 그 주에 받게 되는 경우가 많아요. 아이를 등교시키고 난 후에 입학기 어린이 특성, 학부모 역할, 자녀 생활지도 문제, 전반적 학교생활 안내, 준비물, 1학년 교육과정 안내 등을 알려주십니다.

TIP

입학식 준비물

실내화, 신발주머니를 준비하고 가정통신문 받아 올 L자 파일을 가져가도록 해요. 복장은 감기에 걸리지 않게 따뜻하고 단정하고 활동하기 편한 옷이면 됩니다.

촬영 조심!

담임선생님이 어떤 분인지 매우 궁금하기도 하고 호기심에 선생님 앞에 가서 사진을 찍고 그걸 SNS에 올리는 경우가 있어요. 그런데 선생님의 동의를 얻지 않고 올리는 행위는 초상권 침해라는 범죄행위입니다. 선생님 수업 장면도 마찬가지입니다.

〈입학식 날 하교 후에 할 일〉

1. **학용품에 이름 쓰고 이름 스티커 붙이기.** 사물함에 자기 소지품을 가져다 두면 책가방에 무거운 학용품을 끙끙대며 메고 다닐 필요가 없어요. 날마다 가지고 다녀야 할 물건, 사물함에 보관할 물건을 분류해서 익히는 게 필요합니다.

2. **칭찬하기.** 조그만 일도 스스로 했을 때는 칭찬을 해주어서 성취감을 느낄 기회를 갖는 게 필요해요. 칭찬과 성취감 속에 자란 아이는 책임감도 강해지고 창의력이 높아져요.

3. **다른 친구 배려하기.** 아직 자기중심적 성향이 강한 시기입니다. 배려는 단체생활에 없어서는 안 될 중요한 요소이지요. '내가 소중한 만큼 남들도 소중하다.'라는 인식을 심어줄 필요가 있어요.

4. **하교 후 만날 장소 정하기.** 등교하는 길에 아이와 만나 함께 갈 장소를 정해 세워 놓고, 하교 후에 그곳에서 만나도록 약속해야

해요. 약속 장소에 부모님이 보이지 않는다면 반드시 그곳에서 기다리면 만날 것이라고, 미리 안심을 시켜두고, **부모님 휴대전화 번호를 미리 암기하거나, 키즈폰에 저장해두고 전화하는 연습을 사전에 해 두는 게 좋아요.**

2부

세 살 버릇
여든까지 간다는데

1장

식습관을 바르게

〈음식은 골고루〉

옛날이나 지금이나 아이들이 가장 좋아하고 기다리는 시간은 점심 시간이지요. 저의 초등학교 시절, 난로에 도시락을 올려놓으면 김치가 익는 냄새로 침이 고여 점심시간까지 기다리는 게 고역이었어요. 조금만 기다려도 되는데, 그 시간이 왜 그렇게 길게 느껴졌는지요.

학교 급식에서 아이들이 가장 힘들어하는 메뉴는 비빔밥이에요. 여러 나물이 나오면, 비벼 먹을 줄 모르는 아이가 상당히 많습니다. 예전에는 식판 검사라는 게 있어서 음식을 다 먹었는지 선생님께 검사를 받았지만, 요즘은 인권 문제로 싫어하는 반찬을 억지로 먹일 수 없어요. 처음 보는 반찬은 한 번쯤 맛보게 권하는 정도지요. 집에서 아이가 싫어하는 음식을, 아이가 좋아하는 음식을 넣은 조리법으로 함께 요리하는 경험을 가지면 어떨까요? 충분한 영양 섭취는 면역력을 높이는 데 도움이 되니까 영양을 골고루 섭취하도록 해야겠지요. **급식은 편식을 고칠 수 있는 좋은 경험이 되기도 해요.** 학교에서 친구들과 먹다 보면 집에서 먹지 않던 음식도 맛있게 먹을 수 있습니다. 단 **알레르기를 유발하는 음식은 본인이 알아서 먹지 않도록 충분히 연습**

시켜야 해요. 학생 기초조사서에도 반드시 그런 사항을 기록해야 하지만, 일일이 전교생의 건강 사항을 알 수가 없고 급식을 나누어 주는 분도 잘 모를 수 있거든요. 전에 이슬람 문화권 아이가 급식을 먹을 때, 햄버거나 돼지고기가 식단표에 있는 날에는 다른 음식을 준비해 와서 먹는 걸 봤어요.

아이들은 한 아이가 반찬이 맛없다고 투덜대기 시작하면 전염되어 다들 안 먹겠다고 난리를 칩니다. 그래서 1학년 담임선생님들은 긴장하는 시간이기도 해요. 과일이 급식에 나오는 경우가 많은데, 아이들이 먹는 법을 모르는 아이가 많아 놀랐어요. 집에서도 숟가락으로 키위 떠먹기, 껍질째 먹는 사과 등 다양한 과일을 경험해 보는 것이 좋아요.

〈아침 식사 꼭 하기〉

아침은 꼭 먹는 습관을 들여야 합니다. 유치원과는 달리 간식시간이 없어요. 아침 식사를 거르면 인지능력이 전반적으로 떨어진다고 해요. 아침은 두뇌가 가장 활발히 움직이는 시간인데, 활발히 움직이려면 에너지가 필요합니다. 유난히 기운 없어 보이는 아이들이 있는데, 대부분 아침밥을 먹지 않고 오는 아이들이에요. 우유 먹는 시간이 있지만, 그것으론 부족합니다. 인스턴트식보다는 간단하고도 소화가 잘되는 음식으로 골고루 영양을 섭취하도록 준비해 주는 게 좋아요. 아침 식사는 아이가 좋아하는 메뉴로 조금만 주고, 과일 한 가지라도 먹이고 보내는 게 좋아요.

〈식사 시간 지키기〉

급식실이나 교실에서 점심을 먹을 때, 다른 아이들은 다 먹고 운동장에서 놀고 있는데도 늦게까지 남아서 밥을 먹는 아이가 있어요. 아이들이 다 나간 것을 깨닫고, 급한 마음에 서두르다 보면 체하기도 하고, 제대로 밥을 먹지 못하는 경우가 있지요. 대체로 늦게 먹는 이유는 먹기 싫은 음식 때문이거나, 친구들과 장난을 치기 때문입니다. 간혹 치아에 문제가 있어서일 수 있으니 치아 상태를 잘 살펴봐야 해요. 점심시간에 친구들과 놀 시간도 부족하고, 다음 수업 준비도 서둘러야 하니, 정해진 시간 안에서 밥을 먹는 습관을 갖도록 집에서도 연습하면 좋겠어요. 좋은 행동을 가르치며 칭찬해 주면 먹는 양도 늘어날 겁니다.

〈양치 습관 기르기〉

칫솔, 치약, 치실의 사용법을 익혀서, 이 안쪽과 혓바닥까지 깨끗이 닦고 칫솔질을 꼼꼼하게 하는 습관을 갖는 게 좋습니다. 충치가 생기지 않도록 식사 후에 양치하고, 키 높이에서 볼 수 있는 거울을 설치하여 아이가 양치하는 모습을 확인할 수 있도록 해주세요.

〈젓가락질 연습하기〉

딸은 어렸을 때, 젓가락질 연습을 시키질 않아 지금도 제대로 젓가락질을 잘못한다고 가끔 제게 불평하곤 합니다. 숟가락과 포크만 점심 도시락에 챙겨 주다 보니 젓가락질을 할 기회가 없었지요. 요즘은 급식실에 어른들이 사용할 쇠젓가락을 주니 집에서도 연습해야 할 겁니다. 학교에서 포크를 따로 준비해 주진 않습니다. 1학년 교육과정에, 젓가락 사용에 관한 학습 내용이 있어요. 콩 줍기 게임을 학교에서 하기도 하지요.

일명 '에디슨 젓가락'이라고 일반 젓가락을 사용하지 못하거나 사용 자세가 올바르지 못한 성인, 젓가락질이 서툰 외국인 및 재활치료자 등을 위해 개발된 젓가락이 있어요. 검지와 중지만을 움직여, 밥 먹을 때 꾸준히 연습하고 숙달이 되면 중지와 검지의 링을 빼고 연습하도록 해 보세요.

〈우유갑 열고 접는 연습하기〉

학교에서는 보통 1교시 후에 우유 급식 시간이 있어요. 그런데 그 시간이면 아이들이 담임선생님 앞에 줄을 서곤 해요. 우유갑을 스스로 열지 못해서 열어달라고 선생님께 부탁하기 위한 줄이지요. 어떤 아이는 우유갑을 열다가 쏟기도 하고, 우유가 차가워 먹지 못하겠다고 하는 아이, 심지어 토하는 아이까지 있어요. 우유를 먹지 못한다면 미리 우유 급식을 희망하지 않는다고 미 희망서를 학교에 내면 됩니다. 우유갑을 제대로 열지 못해서 실수하기 전에 집에서 우유갑을 열고 접는 연습을 하면 좋겠어요.

체험학습 때도 아이들이 선생님을 많이 찾아요. 콜라 캔이나 음료수 뚜껑을 열지 못해서지요. 담임선생님이 많이 도와주긴 하지만 손의 힘을 기를 수 있도록 집에서도 연습해 보면 좋겠어요.

TIP

키 컸으면 좋겠는데요

1. 키 크려면 잠을 잘 자야 해요. 깊이 잠들어야 몸속에서 성장호르몬이라는 게 나옵니다.

2. 충분히 운동합니다. 줄넘기, 걷기, 달리기 같은 운동을 꾸준히 하면 지방을 없애고, 키가 크게 됩니다.

3. 영양 섭취를 충분히 하세요. 뼈가 자라는데 좋은 영양분이 바로 칼슘인데,

인스턴트식품은 칼슘이 몸에 흡수되는 것을 막습니다. 골고루 먹고 편식하지 않는 습관이 필요합니다.

TIP

군것질을 좋아해요

군것질거리에는 단 성분, 설탕 등이 많이 들어 있어서 식욕을 없애는 작용을 합니다. 특히 오전에 군것질하면 점심을 먹는 데 지장이 있어요. 인슐린이 없으면 몸이 뚱뚱해지거나 암의 원인이 됩니다. 인슐린은 설탕을 싫어해서 설탕이 들어오면 인슐린은 그걸 치워내느라 지치게 돼요. 인슐린이 지쳐서 약해지면 면역력이 약해져서 큰 병에 걸리기 쉽습니다. 또 과자에는 몸에 해로운 기름 성분이 들어 있어서 몸의 세포가 약해집니다. 이런 물질이 뇌 활동에 지장을 주기도 합니다. 뇌에 문제가 생기면 아주 위험할 수 있어요.

군것질을 줄이려면 콜라, 사이다 같은 탄산음료 섭취를 자제해야 해요. 탄산음료를 마시면 식욕 촉진 호르몬 분비가 증가해 쉽게 공복감을 느끼게 됩니다. 그리고 뇌의 시상하부가 자극돼 과식을 유발하고 단 음식을 더 찾게 되지요. 탄산음료가 당길 때는 물이나 얼음을 컵의 반 이상 섞어 당분을 중화해 먹는 게 좋습니다.

2장

작은 일도 스스로 하기

〈늦잠 잤어요〉

입학하기 전 일주일 전부터는 등교 시간에 맞춰 무리 없이 일어날 수 있도록 연습하는 게 필요해요. 밤늦게까지 컴퓨터나 스마트폰을 보는 시간을 줄이고 규칙인 시간에 잠자리에 들도록 해야 합니다. 새 학기 스트레스로 인해 면역력이 떨어지면 쉽게 지치고 감기나 잔병치레를 할 수 있어요. 늦게 일어나면 아침 식사도 거를 수 있고, 차분하게 하루를 시작하지 못하니 종일 허둥대게 마련이지요.

〈선생님이 화장실 따라오면 안 될까요?〉

어렸을 적엔 학교 화장실이 바깥에 있다 보니, 혼자 가기 무서웠어요. 학교 변소는 재래식이라 깊기도 하고, 무서웠지요. 오래전 학교의 재래식 화장실에서 1학년 아이가 변소에 빠진 일이 있었어요. 체험학습 중에 6학년 아이가 생리 중이라고 화장실에서 처리할 줄 몰라, 선생님을 부른 적도 있었지요.

1학년 아이 중에도 선생님이 화장실까지 따라가야 한다고 우는 아이가 있어요. 또 큰일을 보고, 뒤처리해 달라는 아이도 있어요. 물론 선생님이 뒤처리해 줄 순 있지만, 교실에 남아 있는 아이들의 안전을 생각하면 위험한 일입니다. 집에서 처리할 수 있도록 연습해야지요. 집에서 비데를 사용한 아이들이 당황할 수 있어요. 학교에는 비데가 없으니, 비데 없는 화장실 연습이 필요합니다. 물휴지를 사용해서 변기에 넣으면 화장실이 막히니 반드시 휴지를 사용해야 한다는 것, 화장실에 휴지가 있는지 먼저 확인할 것, 변기 물을 내린 뒤 물이 내려가는 것을 확인한 후에 화장실을 나와야 한다는 것 등을 알려줘야 합니다.

딸아이가 초등학교 3학년에 방광염에 걸린 일이 있었어요. 선생님이 무서워서 화장실에 가고 싶어도 그런 표현을 제대로 하지 못했었지요. 생리적인 욕구를 참는다면 건강에 이상이 생긴다는 사실을 가르치는 것도 필요합니다.

6학년 수학여행 때 숙소에서 대변 본 아이를 그 방 아이 모두 놀렸다는 사실을 나중에야 알게 되었어요. 그 일로 아이가 깊은 상처를 입었지요. 배변 현상은 자연스러운 일이지 부끄러워할 일이 아니란 것을 가르쳐야 해요.

〈엄마가 안 챙겨줬어요〉

　저는 학교 다닐 때 늘 개학을 앞두고 일기와 과제로 걱정이 많았어요. 요즘은 인권 문제로 일기 과제가 없어졌지만, 예전엔 밀린 일기를 한꺼번에 쓰느라 정신없었기 때문이지요. 엄마가 대신 써주기도 했던 초등학교 2학년 때의 일기장이 생각납니다. 엄마는 초등학생이 쓴 것처럼 일기장에 일부러 삐뚤빼뚤 어색한 글씨를 썼더랬어요. 그 우스꽝스럽던 글씨체가 아직도 생각나네요. 학생들의 일기장을 검사해 보면 가끔 글씨체가 달라진 어른 글씨를 볼 수 있어요. 아마 저처럼 밀린 일기를 엄마에게 대신 써달라고 졸랐거나, 잠든 아이를 대신해서 써 준 일기일지도 모르지요.

　딸아이의 중학교 1학년 첫 중간고사를 앞두고 오히려 제가 불안했어요. 첫 시험을 망치면 중고등학교 시절 모두 열등생으로 보내게 될까 두려웠기 때문입니다. 첫날 세계사 시험을 보는데 딸아이 옆에서 오히려 제가 더 열심히 공부했어요. 시험을 보면 백 점을 맞을 수 있을 정도로 말입니다. 아이에게 질문해서 정답을 맞히면 과자를 하나 주는 식으로 공부를 시켰더랬어요. 그러다 체력이 바닥나서, 중간에 포기했지요. 아이 공부에 방해될까 걱정하여 집안 심부름을 전혀 시키지 않았지요. 지금 생각하면 정말 후회되는 일입니다. 학교에서 시험성적이 높은 아이가 커서 반드시 성공하리란 보장이 없어요. 이제는 학교 공부를 잘못해도 강점 하나만 살피면 충분히 성공할 수 있는 시대가 되었지요.

딸이 초등학교 4학년 때였어요. 시어머님 기일을 맞아 퇴근하자마자 시장을 보고, 바쁘게 전을 부치는 엄마의 모습을 보고, 딸이 호박전을 부쳐 보겠다고 했어요. 어설프게 앞치마를 두르고 호박에 밀가루를 묻히는데, 그 모습이 왜 그렇게 불안해 보일까요? 아이의 도움이 달갑지 않은 친절로 느껴졌어요. 딸은 오히려 엄마를 도와 일하는 것이 즐겁다고 했고, 무언가를 직접 만들었다는 것에 큰 성취감을 느꼈던 것 같아요. 아이가 직접 무언가를 만들어 보고, 자극을 제공하는 게 현명한 방법입니다. 근면과 성실이 주요 덕목이었던 시절에는, 개근상을 받는 것이 매우 뜻깊은 일이었어요. 그러나 요즘은 시간을 잘 활용해 자기 계발을 하는 것이 더 가치가 있습니다. 특히 학교 공부에 너무 연연하지 말고 자기 주도적 체험활동에 많은 시간을 할애하는 것이, 효과가 좋지요.

체육이 들었는데, 체육복을 입고 오지 않은 날에 왜 입고 오지 않았냐고 물어보면, 거의 백 프로 아이들의 대답은

"엄마가 챙겨 주지 않았어요."

라고 당연한 듯이 말해요. 체험학습을 가는 날이면 간식시간에 아이들이 선생님을 많이 찾아요. 음료수 캔 뚜껑을 열어달라는 부탁을 하기 위해서지요. 급식에서 과일이 나와도 또르르 제게 달려와서 껍질을 까달라고 합니다. 이런 것도 혼자서 못하느냐고 물어보면 해 본 적이 없다는 대답입니다. 비 오는 날이면 우산을 제대로 펴지 못하는 아이들이 많아요. 어떤 학부모는 학교에 아이 사물함과 책상 정리하러 학교에 오기도 하지요. 난장판이던 책상이 말끔하게 정리가 되는

데, 다음날이면 그 아이의 책상은 어김없이 다시 엉망이 되고 맙니다.

교장 시절, 비가 오나 눈이 오나 교문에서 아이들의 등교를 맞이했어요. 그곳에서 아이들과 학부모를 맞이하게 되면 여러 유형의 학부모 모습을 보게 됩니다. 신입생 일 학년 학부모의 대부분이 현관까지 따라와서 실내화를 바꾸어 신겨주더군요. 신입생 학부모 연수 때에 왜 그렇게 하시는지 한 엄마에게 질문하니

"아이가 하면 시간도 걸리고, 제대로 하지 못하기 때문에 그래요."

실내화를 신겨주는 것으로 엄마의 사랑을 보여준다는 착각에 사로잡혀 있는 것은 아닐까요?

스카우트 캠프에 가서 음식을 만들거나, 설거지를 능숙하게 해내는 아이를 볼 때면

'아! 이 아이는 부모님과 혹은 가족과 함께 많은 시간을 보냈구나.'

라는 생각을 하게 돼요. 반대로 무슨 일을 어떻게 해야 할지 몰라 우왕좌왕하는 아이를 보면

'가족과 함께 시간을 보내는 일이 별로 없었나?'

하는 생각이 들지요. 아이들은 가족의 일을 돕는 것을, 싫어하지 않아요. 비록 그 시간이 짧더라도 함께 같은 일을 했기 때문이지요. 따로 떨어져서 각자의 일을 하면서 지낸 것보다 훨씬 친밀한 시간을 가진 거지요. 아이에게 일을 거들게 하는 것이, 쉽지만은 않을 겁니다. 결국엔 일에 서툰 아이를 야단치거나, 빨리 그 일을 하라고 잔소리를 할지도 몰라요. 그러나 그것만은 참아야 합니다. 아직 아이가 어리다면, 정말 간단한 일을 짧은 시간 동안만 시키는 것이 좋아요. 그 대신

아이가 하고자 하는 일을 무조건 저지해서는 안 됩니다. "하지 마라." 대신에 "이걸 해 볼래?"라는 대안의 의미가 담긴 말이 아이를 설득하는 데 훨씬 효과적입니다. 심부름을 시키고, 또 심부름하는 것만으로도 서로 마음이 통하는 귀중한 기회를, 갖게 되는 거지요. 아이를 과소평가하고 걱정되어 부모가, 혹은 할머니, 할아버지가 다 해준다면 의존적이고 한심한 어른이 될 겁니다. 작은 것부터 성공 경험을 해서 도전할 수 있는 용기와 희망을 주세요.

〈숙제나 준비물을 잘 챙기지 못해요〉

딸은 제가 근무한 학교에 3학년 때까지 같이 다녔어요. 1학년 오후반인 딸이 우리 반 창문으로 보였어요. 그런데 책가방 없이 탱탱볼 하나 달랑 들고 걸어가는 겁니다. 깜짝 놀라 창문을 열고 소리쳤어요.

"집에 가서 책가방 들고 와!"

알림장에 선생님이 탱탱볼이라 써놓은 걸 보고 그거 하나만 들고 오면 된 줄 안 거예요. 전날 늦게 귀가해 아이 가방과 준비물을 확인하지 못한 제 탓이기도 합니다. 1학년 1학기까지는 준비물과 숙제를 아이와 함께 챙겨야 합니다. 다 챙겨 주는 습관을 들이면 혼자서는 못 하게 되지요. 또 알림장과 시간표도 건성으로 보게 되고. 숙제도 스스로 처리하지 못합니다. 준비물 확인이 애매할 때는 한두 명 정도 친한 학부모 연락처를 받아두고 확인하는 것도 도움이 됩니다. 전날 밤에 아이와 함께 미리 알림장을 보면서 책가방을 챙긴 후, 아이 눈에 잘 띄는 곳에 놓아두면 바쁜 아침 시간에 허둥댈 일이 없을 겁니다. 준비물 챙기는 일은 단계별 훈련이 필요해요.

〈가정통신문을 챙기지 못해요〉

앞서서 언급한 L자 파일이라는 가정통신문 파일에 가정통신문을 넣어두면 구겨지지 않고 관리를 잘할 수 있어요. 그런데 아이들은 사물함이나, 책상 속에 가정통신문을 넣어두고 잘 챙겨오지 못할 경우가 많아요. 가정통신문을 학교에서 받자마자 L자 파일에 넣어 가방에 담고 오고, 집에 오자마자 식탁 위에 바로 어른들이 볼 수 있게 둘 것, 학교로 가져갈 것은 학교 도착 즉시 선생님께 드릴 것, 이 두 가지 버릇을 가지면 좋겠어요.

TIP

e-알리미가 뭔가요?

종이로 된 가정통신문은 분실 위험이 크고, 전달이 되지 않을 수 있어서, 온라인으로 학부모와 소통하기 위한 앱을 사용하고 있는데, 그것이 바로 e-알리미입니다. 스마트 가정통신문이라고 할 수 있지요. 휴대전화 구글 플레이스토어에서 e-알리미를 설치하고 회원가입을 해야 하는데, 학교에서 설치 방법을 잘 알려줄 겁니다.

방과후 학교 신청, 스쿨뱅킹, 학부모 상담 신청 등, 매우 중요한 것들은 신청 기간이 정해져 있어서 메모를 그때그때 해두는 게 편합니다. 자칫 잊어버리면 아이가 원하는 방과 후 프로그램을 신청하지 못할 수 있어요.

〈예쁜 옷, 멋진 신발 신으면 안 되나요?〉

계절에 알맞게 옷을 입고 다니는 게 건강에도 좋고, 남이 보기에도 좋아요. 1학년 아이들 복장을 보면 겨울왕국의 엘사처럼 원피스를 곱게 차려입은 아이들이 많아요. 남자아이는 양복을 입고 온 아이도 보여요. 물론 아이들이 고른 옷일 수도 있지만, 보호자의 뜻에 따른 복장일 가능성도 있습니다. 아이 혼자 입고 벗기 편한 옷이 좋고, 될 수 있으면 아이에게 선택권을 주는 게 좋아요. 치렁치렁한 치마나 리본이 변기에 빠질 수도 있고 구두나 양복 등은 체육 시간이나 바깥 놀이시간에 활동하기 불편할 수 있어요. 멜빵바지나 벨트로 여미는 바지도 마찬가지입니다.

3학년 담임 시절, 교실이 화장실이 없는 층에 있었어요. 용변을 보러 아래층까지 내려가야 했지요. 그런데 아이가 옷을 벗기 복잡했는지, 화장실 앞의 공간에 그만 실수하고 말았어요. 그나마 다행인 게 여분의 옷이 교실에 있어서 아이들 몰래 처리해 준 일이 있습니다. 너무 많은 단추와 장식은 아이들이 옷을 입고 벗기 힘듭니다. 만약의 경우를 대비해서 사물함에 여벌의 편한 옷과 속옷, 양말을 비닐 팩에 준비해 넣어 두면 좋아요. 장마철에 비가 많이 오면 양말도 젖을 수 있으니까요.

〈물건을 제자리에 놓질 않아요〉

아이와 함께 물건을 제자리에 놓는 습관을 기르는 게 중요해요. 또 정확하게 구체적으로 설명해야 해요. 책가방은 어디에 놓을지 서로 의논하고, 약속하는 거지요. 그러면 책가방을 던져놓지 않고 제자리에 놓게 됩니다. 연습하고 반복해서 습관을 들이는 거지요. 학교에서도 교과서를 정리 정돈 하는 버릇을 들이면 수업 시간에 집중도 잘되고, 야무진 아이로 보이게 만들지요.

〈예절 바른 아이가 되려면〉

아이 키울 때, 손주의 양육을 도와주기 위해 시부모님이 오셨는데, 제가 존댓말을 쓰는 것을 자주 들어서인지, 유치원생인 딸도 금방 존댓말을 익히게 되었어요.

"안녕히 주무셨어요?"

"안녕히 주무세요."

"감사합니다."

등 때에 맞는 인사도 필요하지만, 물건을 받을 때, 두 손으로 공손히 받는 연습도 필요합니다. 예전에는 대가족이 함께 살아서 그런 연습이 필요하지 않고 주변의 상황에서 익힐 수 있었지요. 먼저 어른들이 본보기로 보여주면 아이가 따라 하게 돼요. 두 손을 가지런히 모으고, 상대방의 눈을 쳐다보며 정성을 다해 인사하는 법을 가르쳐주세요. 어떤 아이는 인사를 한다고, 화장실에 있는 담임선생님에게 노크해 나오게 해서 인사를 하는데, 인사하는 데도 요령이 필요하다는 것을, 알려줄 필요가 있어요. 처음 한 번은 큰소리로 인사하지만 계속 마주치면 가볍게 목례만 해도 된다는 것 등 상황에 알맞은 인사법을 알려주세요. 1학년 국어과 교육과정, 말하기 듣기 성취기준에서도 '대화를 나눌 때 자신의 감정을 적절하게 표현함으로써 타인과의 관계를 형성하고 유지하며 발전시키는 능력을 기르기 위해 설정하였다. 기쁨, 슬픔, 사랑, 미움 등 다양한 감정과 관련된 표현 알기, 감정을 표현하는 과정에서 바르고 고운 말을 사용하기, 상대의 감정을 이해하고 수용하기 등을 학습한다.'[1]로 나타나 있듯이, 학교에서도 고운 말 사용을 배우게 됩니다.

---

1 『2022 교육과정』, 교육부 고시 제2022-33호, 2022

〈자기 생각을 명확하게 표현하기〉

아이들은 의외로 자기 생각을 표현하는 데 인색합니다. 무얼 도와주고 싶어도 말을 하질 않으니 답답하지요. 급식을 조금만 달라던가, 화장실을 가고 싶다거나 등의 중요한 말을 제대로 하는 의사 표현 연습이 정말 필요해요. **사소한 거라도 아이의 의견을 묻고 결정할 기회를 주면, 어떻게 표현하면 좋을지 연습할 기회가 되지요. 완곡하게 거절하거나, 단호한 의사 표현도 연습해야 합니다.** 그런 연습은 친구들과의 생활에서 매우 중요하거든요. 친구가 갑자기 내 지우개를 쓰는 경우엔

"네가 말도 하지 않고 갑자기 내 물건을 쓰면 내가 기분이 나빠. 먼저 내게 물어보고 빌려 써야 나도 기분이 나쁘지 않지."
라고 말해야 하고, 거절하고 싶을 땐 완곡하게 거절할 줄 알아야 해요.

〈씩씩하게 말하기〉

평소에 재잘거리며 이야기를 잘하다가도 발표할 때 보면 모깃소리처럼 작아지는 아이가 있어요. 다소 엉뚱하게 답하더라도 씩씩하고 자신감 있게 대답하면 좋겠어요. 상황에 따라 목소리 크기가 달라져야 하는 것도 알아야겠지요. 소곤소곤 도서실에서 말할 때와 멀리 있는 친구를 부를 때, 친구들 앞에서 발표할 때의 목소리 크기를 조절하는

연습이 필요합니다. 누구나 부끄러워할 수 있다고, 격려해 주고 응원
해 주면 좋아질 거예요.

3장

위험으로부터 지켜요

생각지도 못한 곳에서 일어나는 사고에 대해 늘 대비가 필요합니다.

1. 먼저 교통수단으로부터 보호받으려면, 자동차가 지나갈 때, 일단 멈추고 좌우를 살피라는 것을, 귀 아프게 강조해야 해요. 갑자기 차에 뛰어드는 아이, 공놀이하다가 차도로 날아간 공 찾으려 차에 달려드는 아이 등 교통사고가 흔해졌어요. 물론 학교 내에서도 차량을 조심해야 합니다.

2. 학교 내에서도 안전사고가 많이 일어나요. 샤프심이 눈에 들어갈 수도 있고, 복도에서 뛰다가 상대방 아이랑 부딪히면서 치아가 부러지기도 해요. 커터나 칼을 사용할 때도 조심시켜야 합니다. 체육 시간에도 교실 안에서도 항상 조심해서 다녀야 해요. 정글짐이나 미끄럼틀에서 다칠 수 있어요. 특히 요즘은 휴대전화를 보고 걷거나, 계단을 오르내리면서 다치기도 해요. 구석진 곳이나, 화장실에서 장난하다 다치기도 합니다.

3. 불량식품이나 남이 주는 음식을 함부로 먹지 않도록 해야 합니다.

4. 혼자 놀이터에서 놀거나, 인적이 드문 길로 다니지 않도록 조심시키세요.

5. 수영이나 물놀이 전에 충분히 준비운동을 합니다.

6. 낯선 사람이 도움을 요청해도 절대로 따라가지 말아야지요. 선물을 준다거나, 이름을 부르며 친근하게 다가가는 사람이 범죄자일 경우가 많아요. 보통 유괴범은 소지품에 쓰인 이름으로 안심시키고 접근합니다. 나쁜 사람이 무섭고 흉악한 얼굴을 가진 게 아니라 보통 사람의 얼굴로 다가선다는 것도 인지시킬 필요가 있어요.

아이들은 위험에 대한 불안감이 낮고, 대처 능력이 떨어지기 때문에 스스로가 일상생활에서 발생할 수 있는 여러 가지 위험을 미리 깨닫고, 사고 발생 시 정확한 판단과 적절한 행동이 어렵습니다.

초등학교 아이들은 도로 횡단할 때. 가장 많이 사고가 발생해요.

〈안전한 도로 횡단 5원칙〉

1. 우선 멈춘다.

2. 좌우의 차를 본다.

3. 횡단보도 오른쪽에 서서 운전자를 보며 손을 든다.

4. 차가 멈추었는지 먼저 확인한다.

5. 건너는 동안 차를 계속 보면서 천천히 건넌다.

횡단보도를 함께 건너며 연습하는 걸 반복해야 합니다. 3월 한 달은 학교에 갈 때, 손을 꼭 잡고 함께 다닙니다. 교문 앞까지 차로 바래다주는 것은 피해야 해요. 교문 앞이 차량으로 복잡해지면 다른 아이에게도 피해를 주고 그로 인한 사고가 발생할 수 있어요. 특히 비가 오거나 눈이 오는 날 교문 앞이 더 번잡합니다.

TIP

아이가 길을 잃었다면

낯선 사람에게 함부로 묻지 말고, 경찰관을 찾아서 집 주소를 말하고 찾아 달라고 부탁합니다. 낯선 사람에게 울상 짓는 모습을 보이거나 길을 물으면 위험할 수 있어요. 키즈폰으로 부모님께 연락하거나, 약국이나 서점 등 큰 가게에 가서 부모님께 전화하도록 미리 지도해 주세요.

TIP

엄마가 부탁했다고 따라오라면?

평소 알고 있는 어른이라도 부모님께서 미리 말씀해 주지 않았다면 절대 따라가지 말고 먼저 부모님께 확인 전화부터 하도록 지도해 주세요. 만약 낯선 사람이 억지로 차를 태우려 한다면 발버둥 치면서 소리를 지르고, 위험하다 생각되면 지나가는 사람이 들을 수 있도록 호루라기를 가지고 다니는 것도 한 방법입니다.

4장

휴대전화 필요할까?

요즘 카톡으로 인한 따돌림, 괴롭힘 사례가 늘고 있어요. 예전에 고학년 중심이었으나, 이젠 1, 2학년에서도 빈번하게 카톡 문제가 심각해지는 추세입니다. 또 게임이나 동영상에 중독이 되어 과의존 위험군 아이가 증가하고 있지요. 오죽하면 스마트폰 중독을 치료하는 센터까지 생겼겠어요? 그렇다고 남들이 다 가지고 있는 스마트폰을 사용 못 하게 할 수는 없고, 고민이 될 겁니다. 스마트폰을 사주는 시기는 언제가 좋을까요? 이미 스마트폰을 가지고 있다면 어떻게 하면 좋을까요?

식당에 가보면 어른들 식사를 편하게 하려고 그러는지, 네 살 정도 되어 보이는 아이에게 부모가 스마트폰을 보게 하고 있지요. 이렇게 스마트폰을 보게 하면 뇌는 어떤 영향을 받을까요? 계속 즐거움을 추구하는 뇌만 발달하게 되고, 통제력을 작용해야 하는 전두엽의 성장을 지연시킬 수 있습니다. 스스로 행동을 통제할 수 있는 능력이 부족한데, 이 시기는 생활 습관 형성이 매우 중요한 때이기도 해요. 이 중요한 시기에 스마트폰에 중독되어 일상생활에 지장을 준다면 어떻게 될까요? 스마트폰의 부작용을 설명하는 대목에는 중독, 폭력성, 분노조절장애, 학습 능력 저하 같은 단어가 등장합니다.

아직 스마트폰을 사주지 않았다면 될 수 있으면 그 시기를 늦추기를 권장합니다. 왜냐하면 좋은 점보다는 단점이 더 많기 때문이지요. 물론 정보를 알게 되거나 언제 어디서나 컴퓨터를 사용할 수 있다는 좋은 점도 있습니다. 아이가 스마트폰이 없어서 친구와의 생활을 제대로 하지 못한다고 불평하는 경우가 많을 겁니다. 그러나 스마트폰으로 인해서 친구와의 생활을 아주 잘 이어간다고 할 수는 없어요. 오히려 스마트폰으로 인해서 왕따를 당할 수 있어요. 맞벌이 가정이거나, 수시로 아이와 연락을 주고받아야 한다면 2G폰이나 키즈폰을 주면 어떨까요? 전화와 메시지 기능만 있으면, 소통이 가능하니까요. 요즘 아이들이 카톡에서 벌이는 일은 상상 이상입니다. 우리 아이만 인공지능 시대에 뒤처지는 것은 아닐지, 걱정할 수 있지요. 이 시대는 창의력, 유연성, 변화에 대응하는 능력, 대화 만들고 협업하는 놀이가 필요해요. 스마트폰은 그러한 능력을 단절시켜 버립니다.

스마트폰을 이미 샀다면 아이가 중독되는 것보다는, 없애는 게 최선책입니다. 이미 중독된 아이에게 규칙 지키기란 어려워요. 아이는 규칙을 압박 수단으로 여기게 되고, 24시간 감시하기도 어렵습니다. 스마트폰 중독은 질병으로 이미 규정되었어요. 사준 스마트폰을 회수하면 아이에게 금단현상이 일어나고 짜증을 낼 수 있어요. 권위가 있을 때, 아이를 스마트폰 중독에서 벗어나게 도와줘야 해요.

다음은 미국에서의 사례입니다. 2024년 8월 조선일보의 기사에 따르면 미국에서는 학생들이 수업 시간에 SNS를 이용하면서 집중력이 흐트러지고, 학습에 방해가 될 여지가 있어 학교 내 휴대전화를 사용하지 못하는 지역이 늘어나고 있다고 합니다. 몰래 카메라 촬영이나 딥페이크 범죄 등의 문제를 막기 위함이기도 합니다. 이를테면 "학교 입장에서는 휴대전화가 재앙이 됐다."는 것입니다.[2]

〈스마트폰은 언제 사주면 좋을까요?〉

아이가 사달라고 조를 때 사주거나 죄책감 때문에 사주는 것은, 별로 바람직한 방법이 아닙니다. 통제할 수 없는 시기에 스마트폰을 주는 것은 욕구를 통제하지 말라고 강요하는 것과 다를 바 없지요. 자신을 객관화하고 자기 조절 능력을 갖춘 후두엽은 뇌 기능 발달의 마지막 부위로 12~14세에 주로 발달합니다. 따라서 아이의 두뇌·정서발달 단계에 맞춰 초등학교 고학년이나 졸업 이후 스마트폰을 사주는 것도 하나의 해답이 될 수 있어요. 불안해하고 답답한 시기를 견뎌낼 대체 환경을 만들어주는 게 필요해요. 캠핑, 수영, 장난감 조립, 보드게임 등, 스마트폰 대신 땀 흘리면서 놀 기회를 만들어 주세요. 스마트폰 볼 시간에 다른 운동이나 음악, 연주 활동에 취미를 붙일 수 있도록 외적, 내적 환경을 조성해야 합니다. 여건이 된다면 함께 축구나

---

2 『"학교 내 휴대전화 사용 금지" 미국 전역으로 확산 움직임』, 윤주헌 특파원, 조선일보, 2024. 8

배드민턴, 혹은 책을 함께 읽고 대화를 나누며 시간을 보내면 좋겠어요. 아이 앞에서 스마트폰을 지나치게 사용하지 않도록 해요. 특히 휴대전화 사용은 올바른 본보기를 보여주어야 합니다.

〈게임중독에 빠졌어요〉

게임은 요즘 아이들의 문화입니다. 손쉽게 컴퓨터나 휴대전화를 통해서 클릭만 하는 쉬운 활동이기에 쉽게 빠져들 곤 하지요. 게임을 통해서 몰입하고 성취감을 느끼게 됩니다. 요즘은 취학 전부터 유튜브에 흥미를 느끼는 아이도 많아요. 얼마 전 게임에 중독된 중학생이 컴퓨터게임을 못 하게 하는 어머니를 충동적으로 살해하고 자신도 스스로 목숨을 끊는 충격적인 사건이 일어났었어요. 중학생이 빠진 게임은 캐릭터가 전쟁에서 다양한 총기류로 공격하는 게임으로 게임 중에서도 중독성이 높은 것으로 알려져 있어요. 친구들과 뛰어놀고 부모에게 사랑받아야 할 15세의 중학생이 게임 때문에 부모를 살해하는 끔찍한 일까지 벌어진 겁니다. 코로나 시대를 겪으면서, 집에 있는 시간이 많아지니 게임 시간이 두 배로 그것이 습관으로 자리 잡았고, 그만큼 부모님의 고민도 깊어졌지요.

특히 남자아이들은 왜 게임을 그렇게 좋아할까요? 남자아이들은 위험을 좋아해요. 게임은 집에서 편하게 밖에서 하는 활동에 대한 욕구를 풀 수 있지요. 또 게임 밖의 세상이 무서우니까 게임 안으로 도망치게 되는 겁니다. 종일 공부한다고 성적이 눈에 띄게 오르지 않지만, 경험치가 올라가는 것을, 즉각 즉각 명확하게 보여줍니다. 긍정적 피드백을 명확히 해줍니다. 그러기에 게임을 향한 노력을 유지하게 되지요. 게임은 허용적입니다. 게임에서는 아무리 큰 실수를 저질러도 내가 치를 대가가 크지 않아요. 게임을 할 때와 책을 읽을 때, 전두엽의 활동을 뇌파를 통해 분석하고 증명하는 연구를 십수 년 동안 해온 일본의 저명한 신경정신과 의사인 교토대학 모리 아키오 교수는 다음과 같이 경고했어요.

"일주일에 3일, 하루 1시간 이상 초등학교 1학년 때부터 6학년 때까지 게임을 한다면 중학교에 가서 깊이 생각하는 것이 불가능해집니다. 사물에 대해 이해할 수가 없게 됩니다."

그가 경고하고 있는 기준에 의하면 우리나라 청소년들 대부분은 전두엽 상태에 문제가 있어요. 일주일에 3일, 하루 한 시간보다 훨씬 더 많은 시간을 TV, 컴퓨터, 스마트폰을 들여다보면서 살고 있기 때문입니다. TV, 컴퓨터, 스마트폰에 빠져들면서 아이들은 전두엽을 사용할 기회를 점점 잃게 되었어요.

'게임중독'이란 게임을 건전한 여가생활을 즐기기 위한 하나의 취미생활로 여기는 것이 아니라 자신을 표현하는 현실 일부로 생각하고 적용하려는 현상을 말해요. 현실과 게임의 모호한 경계선이 생기고 심한 경우 현실보다 게임을 위주로 한 삶을 살게 되지요. 무관심한 부모 밑에서 자라온 아이가 게임중독에 걸리기 쉽다고 전문가들은 말해요. 일단 게임에 중독되기 시작하면 대뇌에서는 '도파민'과 '아드레

날린'이라는 흥분성 물질이 분비되는데 이 물질들은 자신이 원하는 욕구들을 끊임없이 요구하기 때문에, 게임에서 점점 더 빠져나오기 힘들어지게 됩니다. 또 아드레날린이 과다 축적되면 교감신경계를 흥분시켜 정서적 혼란을 일으키고 흥분이 쉽게 가라앉지 않기 때문에 게임에서 쉽게 손을 놓지 못하게 되지요. 게임에서 오는 즐거움이 사는 즐거움의 전부가 된다면 문제가 있어요. 금단현상으로 우울증, 가치관 형성에서의 즐거움을 게임에서만 찾으려고 합니다. 또 사회적으로 관계 맺기에 문제가 있을 수 있어요. 소통에 문제가 있고, 게임이 잘 안 풀리면 욕설을 많이 하게 됩니다. 단톡방에서 친구들끼리 게임하자고 재촉하면 게임중독 문제가 점점 더 심각해질 수 있어요.

영철이는 학교와 학원을 마치고 집에 오면 게임을 시작합니다. 영철 엄마는 처음에는 영철이가 게임을 시작하면 처음에는

'종일 공부하다 머리 식힐 시간이 필요하겠지.'

라고 생각합니다. 그런데 영철이는 게임을 자정이 넘어서까지 계속합니다. 내일 학교도 가야 하니 아이가 일찍 자야 하는데, 그 모습을 지켜보다가 부아가 치밀어 오릅니다. 참다 참다 큰소리로 영철에게 화를 냅니다. 아이는 자기가 하고 싶은 것을 한 것뿐인데, 엄마가 화를 낸 것에 놀랍니다. 영철이는 잠깐 하던 걸 멈춥니다. 영철 엄마는 소리를 크게 지른 것에 대해 미안한 감정이 듭니다.

'이제 알아서 게임을 그만하겠지.'

라고 생각하고 엄마는 게임으로 잔소리하는 것을 포기합니다. 영철이

는 엄마가 조용해진 듯하니 다시 게임을 시작합니다. 이제 영철의 게임 패턴이 루틴이 되었습니다. 아이는 부모가 화가 날 때까지 하다가 부모가 포기하는 순간 마음껏 다시 집중해서 게임을 하게 됩니다.

윗글은 어느 가정에서나 일어나는 부모와 아이의 게임으로 인해 벌어지는 갈등 사례입니다. 게임중독이 심각하기에 정부까지 나섰어요. 부모는 게임을 통제하기 전에 게임에 대해 알아야 해요. **게임 도중 갑자기 꺼버리면 부모에 대한 원망만 깊어집니다.** 게임에 빠지지 않게 부모가 개입하는 방법은 어떤 것이 있을까요?

1. 아이와 **구체적 게임 사용 시간을 의논**해야 해요. 아이가 집에서 먼저 해야 할 일을 다 한 후, 게임을 하되 일주일에 한 번 어느 시간에 할지를 정하는 겁니다. 매일 하는 습관을 들이면 습관으로 만들 수 있어요. 시간을 잘 지키면 칭찬을 합니다. 게임을 통해 자제력을 갖도록 약속된 시간에만 하되, 부모님이나 가족 몰래 했다면 다음 게임 시간을 제한하는 방법을 택하도록 협의해 보세요.

2. **게임 이외의 다른 활동을 하도록** 합니다. 가족이 좋아하는 활동보다, 아이들이 좋아하는 활동으로 가족과 함께 맛집 탐방이나 여행을 해도 좋고 공원에서 드론 날리기나 축구 배드민턴, 축구 등, 게임 이외 세상에는 많은 즐거움이 있다는 사실을 알려줘야

합니다. 함께 블록 만들기나 그림책 읽기도 좋아요. 게임이 아닌 바깥세상에서 자존감을 느낄 기회를 만들어 주어야 합니다.

3. **어른이 모범을 보여줘야 해요.** 아이 앞에서 스마트폰이나 게임을 하지 말아야지요. 아이에게는 게임을 금지하면서 아이 앞에서 스마트폰을 한다면, 아이가 반발심을 가질 수 있어요. 아이가 즐 겨하는 게임의 특징을 파악해서 너무 선정적이거나 폭력적 게임 은 지양하도록 가르쳐 주세요.

4. **게임에 빠진 아이에게 감정으로 다스리지 말아야 해요.** "종일 게 임만 하면 언제 공부할래? 그놈의 휴대전화 부숴 버려!" 이렇게 말하면서 분노하는 경우가 많아요. 어른 먼저 평정심을 잃지 말 아야 해요. 과잉 반응은 아이에게 반발심만 심어줄 수 있습니다. 게임 도중 마이크가 켜져 있을 때, 잔소리를 들은 아이는 충격에 빠질 수밖에 없어요. 게임중독에 빠진 아이의 공통점은 부모와 혹은 가족과 친하지 않다는 겁니다. 그래서 게임을 통해서 자존 감을 느끼려 하는 거지요. 먼저 아이와의 관계 회복에 치중하고, 신뢰를 얻게 하는 게 중요해요.

5. **가족 모두가 함께 지킬 스마트폰 休날, 스크린 없는 날**로 정해서 그날은 온 가족이 가능한 한 일찍 집에 들어오는 날로 만들면 어 떨까요?

6. **공부할 때는 작은 보상을 주세요.** 타이머를 설정해서 집중해서 뭔가를 조금이라도 열심히 하면 칭찬을 해주는 겁니다. 그러나 칭찬을 과하게 하면 자존감에 영향을 주지 않는 경우가 많아요. 자아효능감과 사회적 지지 측면에서 자존감을 살려줘야 해요. 보상을 주되, 게임으로 보상은 절대 주지 말아야 합니다.

TIP

스마트기기 사용 시간 어떻게 정할까요?

학교 일과가 끝나자마자 스마트폰을 켜는 아이들이 많아요. 코로나 이후로 스마트기기가 차지하는 비율이 더욱 높아졌지요. 아이가 학습하는지, 게임을 하는지, 친구와 수다를 떠는지 모르지만, 그대로 내버려둘 수는 없지요. 바깥세상과 만날 시간을 줘야 해요. 스스로 자제할 힘이 없는 아이일수록 주변의 도움이 필요합니다. 아이와 스마트폰 사용 시간 약속을 정했다면, 집중하고 있었던 활동도 스스로 마무리할 수 있게 하는 게 필요해요. 정한 규칙으로 알람 소리를 듣게 함으로써 스스로 정리할 수 있게 도와주어야겠지요. 작은 세상이 아닌 큰 세상에도 더 큰 즐거움이 있다는 것을 깨닫게 해주세요. 예를 들면 가족과 함께하는 줄넘기나 체스, 혹은 가족 여행 같은 것, 직접 만지고 경험할 수 있는 더 재미있는 세상으로 안내해야 하는데, 주변 사람의 노력이 절대적으로 필요합니다.

5장

한글 미리 익혀야 할까?

딸의 취학통지서를 받자마자 걱정이 앞섰어요. 한글을 읽긴 하지만 이름 석 자 외에는 쓰기 능력이 없었기 때문이지요. 학교에 들어가서 한글을 몰라 알림장을 쓰지 못하고 오거나 친구들에게 따돌림을 당할까 두려웠지요. 그 시절에도 한글을 모르고 입학한 학생이 거의 없었어요. ○○ 국어라는 학습지를 배달시켜 한 달 만에 한글 쓰기가 가능하게 되었습니다. 입학 전까지 조금 여유로운 시간이 있기에 안심이 되기도 했어요.

요즘 학교에서 한글을 전혀 모르고 입학한 학생은 한 학급에 한 명 정도입니다. 물론 학교에 따라 편차가 있어요. 제대로 읽지 못하면 주변 아이들이 놀리는 사례도 있어요. 과제나 준비물을 알려주는 안내장을 담임교사가 만들어 줍니다. 빠른 경우 어떤 선생님은 5월부터 알림장을 직접 쓰게 하는 경우를 보았어요. 1학년 2학기 마지막 단원은 '그림일기를 써요.'입니다.

잠자리에 들기 전에 동화책을 읽어주세요. 아이에게 상상력과 창의력을 길러주게 되지요. 받아쓰기는 2학년에 시작하기도 하나 빠른 경우, 1학년 2학기에 시작할 수 있어요. 받아쓰기 점수에는 연연하지 마세요. 틀릴 수도 있다고 아이를 다그치지 말고, 응원해 주세요. 1학년 교육과정은 한글을 전혀 모르는 것으로 간주하고, 시작합니다. 한글을 모르고 입학해도 걱정할 필요가 없어요. 한 달의 적응 기간과 국어 시간에 한글을 깨치도록 교육과정이 구성되어 있어요. 교사는 중하위권 수준에 맞추어 수업을 진행해야 합니다. 초등학교에 입학하자마자 삼월 한 달 자음과 모음, 자음과 모음의 획순을 배우고, 바르게 쓰는 방법을 배우게 됩니다. 4월부터 배우는 국어 교과에서도 한글의 자음, 모음을 배우는 단원이 등장해요. 초등 1학년 국어 교과서는 '국어'와 '국어 활동'으로 구성되어 있어요. '국어 활동'은 '국어'의 보조 교과서 역할을 해요. 국어 교과서에서 배운 것을 생활 속에서 실천하는 데에 초점이 맞추어져 있지요.

'학습자가 한글 학습에 흥미를 느끼고 지속적으로 참여할 수 있도록 몸으로 문자를 표현하는 등의 신체 놀이, 첫음절이 같은 단어를 다양하게 떠올려 보는 연상 놀이 등을 활동 중심 수업과 연계하여 지도할 수 있다. 또한 이 시기는 한글 학습을 통해 기초적인 읽기 능력 계발뿐만 아니라 학습자가 읽기에 대한 흥미를 형성하는 매우 중요한 시기이다. 따라서 학습자가 자신의 수준과 흥미에 맞는 책을 읽은 후, 자신의 생각을 표현하는 놀이나 활동·체험 등을 연계하여 즐거운 독서 경험을 통해 독서에 대한 긍정적인 태도를 기를 수 있도록 지도한다. 일반 학습자를 포함하여, 다문화 배경 학습자나 느린 학습자 등의 특별한 요구가 있는 경우에는 해당 성취기준에 대한 개별화 맞춤형 수업을 통해 정확히 소리 내어 읽기와 알맞게 띄어 읽기 등의 한글

깨치기 학습이 충실히 이루어질 수 있도록 지도한다.'[3]로 교육과정에 나와 있습니다.

한글을 미리 알아서 좋은 점은 분명히 있어요. 한글을 미리 안다는 자신감으로 학습 의욕을 높이고, 좋은 학습 태도를 가질 수 있지요. 그러나 지나친 선행학습은 바람직하지 않습니다. 미리 알고 있는 내용을 학습하면 교사의 말에 귀를 기울이지 않고 집중도가 떨어져서, 딴짓을 하기 때문입니다.

〈어떻게 한글 공부하는 방법이 좋을까?〉

입학을 앞두고 아이가 한글을 익히지 못했다면, 부모님이 불안해해서 무리하게 학습을 시키려고 합니다.

1. 아이에게 책상 앞이나 태블릿 PC 앞에 앉게 해 아이가 부담을 느끼는 경우가 많습니다. 책상을 좋아하게 만들려면 아이가 좋아할 재미있는 책상을 만들어 보세요. 책상에서 즐거운 게임을 많이 해 보세요. 한글 자음, 모음을 찰흙으로 만들어서 한글을 익히게 하는 것도 좋은 방법입니다. 아이가 좋아하는 캐릭터로 책상을 꾸며도 좋고요. 꼭 책상에서 무언가 학습시키려는 편견

---

3 『2022 교육과정』, 교육부 고시 제2022-33호, 2022

을 버리시고 칠판이나, 다른 공간을 이용해서 학교 놀이나 역할 놀이로 그림과 한글을 맞추는 놀이도 좋아요.

2. 많은 교사나 학부모가 권하는 방법으로 서점에 가서 학부모와 함께 수준에 맞는 책을 읽는 것을 추천합니다. 함께 시간을 보내면서 느끼는 정서적 교감이 중요하기 때문이지요. '이런 모양의 단어는 이렇게 소리 내어 읽고, 이런 뜻을 가지는구나.'하고 아이 스스로 터득해 가는 방법이 바람직합니다. 어린아이들은 부모 혹은 보호자와 함께 책을 읽는다는 것 자체가, 즐거움이지요. 그 과정에서 자연스럽게 글자도 깨치고 이야기 속에서 배경지식까지 습득한다면 더없이 좋지 않을까요?

3. 실생활에서 한글을 사용한다면 더 좋을 겁니다. 쇼핑 목록을 적게 한다든지, 엄마에게 메모 남기는 방법으로 활용해 보세요. 동요나 노래 가사를 함께 써보는 방법도 좋아요.

4. 인터넷에서 무료로 한글 익히기 게임 앱을 검색해 보세요. 다양한 방법으로 한글을 자연스럽게 익히게 됩니다. 단 게임 시간을 사전에 아이와 약속해서 너무 오래 하지 않도록 합니다. 아이에게는 시간 약속을 하는 이유를 잘 설명해 주세요. 인터넷을 많이 하게 되면 시력이 나빠지고 거북목이 생길 수 있으며 뇌에도 좋지 않은 영향을 미친다는 걸 차분히 알려주면 아이가 이해할 겁니다.

한글은 매우 배우기 쉬운 과학적인 글자입니다. 취학 전에 꾸준히 책을 읽어주면 아이들은 저절로 글자를 터득하게 되어있어요. 그래도 아이가 한글을 모른다면, 만 6세가 되기 이전에 한두 달만 글자 카드를 보여주어도 쉽게 터득할 수 있어요. 3, 4세 아이들에게 학습지를 시켜가면서 한글을 가르치느라 아이들의 뇌에 스트레스와 두려움을 안겨주는 일은 좋지 않습니다.

1학년 2학기부터는 가정에서의 받아쓰기 연습이 필요해요. 받아쓰기는 국어 영역 중 듣기와 쓰기에 해당해요. 학교에서 배운 내용을 내 것으로 익히고, 반복 연습으로 정확하고 빠르게 글씨를 쓸 수 있어요. 주 3~4회, 한 회당 10분에서 20분 정도 받아쓰기 지도가 좋습니다.

유독 지방에서 서울로 전입해 온 교사들이 많았던 시절이 있었어요. 오죽하면 교사가 표준말을 사용할 것을 부탁하는 공문까지 왔겠어요? 선생님의 언어를 잘 알아듣지 못해서 힘들다는 민원이 많았지요. 간혹 방송으로

"6학년 학생은 운동장으로 나오세요."

라고 방송할 때, 전라도 선생님은

"유각년 학생은 운동장으로 나오세요."

라고 발음해서 아이들이 크게 웃고 따라 했었어요. 아이들에게 직접적으로 가장 큰 애로사항은 받아쓰기할 때였어요. 경상도 출신 교사들의 '으'와 '어'의 발음이 알아듣기 어려웠어요. 전라도 선생님 중 몇 분은 '의'를 '으'로 발음했지요. 지방에서 올라오신 분들 모두가 그런 건 아니었습니다. 또 지방 출신 교사를 폄하하고 싶은 마음은 추호도 없습니다. 그런데, 미리 받아쓰기 공부를 한 학생은 영특하게 들리는 대

로 쓰지 않고 교과서의 맞춤법대로 써서 백 점을 받았어요. 공부를 미리 하지 않고 제 머리를 믿는 학생은 선생님의 발음을 있는 그대로 적다 보니, 틀리기 일쑤였지요. 요즘 시대에 교사가 학생들에게 받아쓰기 시험을 위해 한글 문장을 사투리로 읽어준다면 민원 전화를 꽤 많이 받았을 겁니다.

딸이 1학년 입학해서 처음 본 받아쓰기 시험성적에 놀란 적이 있어요. 10문제에서 반만 맞아도 50점이니 제 체면이 말이 아니었지요.

"선생님 딸이 그런 점수를 받다니?"

이런 수군거리는 소리가 제 귀에 들리는 것만, 같았어요. 제 인생 전부를 통틀어서 그런 점수를 받은 적이 결단코 없었지요. 내일 받아쓰기 시험이 있다는 알림장을 본 날은 퇴근하고 저녁 밥상을 물리자마자 딸과 마주 앉아 공부를 시작했어요. 그런데 마음처럼 잘 따라오지 않으니 짜증이 났어요. 받아쓰기 시험 전날 회식이라도 있으면 빨리 집에 가서 공부를 시켜야 한다는 조바심으로 저녁 식사 내내 마음은 콩밭에 가 있었지요. 같은 학구에 살다 보니, 이웃에 사는 학부모가 딸과 같은 반이어서 받아쓰기 성적에 더 민감한 반응을 보였는지도 몰라요. 지금 생각해 보면 정말 아무 일도 아닌데 말입니다. 부모가 닦달하지 않아도 아이가 책을 좋아해서 자주 책을 접한다면 문제될 일이 없습니다.

〈가정에서 받아쓰기 연습할 때의 유의점은 뭘까요?〉

첫째, 3~5회 정도 글자를 보면서 연습하게 한 뒤 받아쓰기하고, 틀린 것은 다시 3회 정도 복습하게 하면 효과적입니다. 한 글자 한 글자를 쓰게 하는 것보다는 한 단어나 짧은 문장을 익히도록 하는 게 좋아요.

1. 받아쓰기 문제를 2~3회 정도 또박또박 읽게 한다.
2. 받아쓰기 문제를 2~3회 정도 종이에 적게 한다.
3. 문제를 불러주며 1차 테스트를 하고 채점한다.
4. 틀린 문항만 몇 번 쓰게 한 뒤, 2차 테스트를 한다.

둘째, 글씨 쓰는 속도가 학부모 과욕으로 빨라지면 삐뚤빼뚤 쓰게됩니다. 빠른 쓰기 지도보다는 정확하고 예쁘게 쓰는 지도가 필요하지요. 정확하게 연필을 잡는 방법을 가르쳐주는 게 좋아요. 한번 습관이 들면 고치기 어렵거든요.

셋째, 받아쓰기 지도할 때 책 읽기 등 다른 공부 방법을 병행하는 것이 좋아요. 2022 국어과 쓰기 교육과정에서는 '받아쓰기는 글자를 정확하게 쓰는 데 도움이 될 수 있으나, 학습자가 부담을 갖게 되면 국어 활동에 자신감을 잃을 수도 있으므로 신중하게 활용한다. 학습자의 수준을 넘는 어려운 글자나 복잡한 띄어쓰기가 포함된 문장을 피하도록 한다.'[4]로 명시되어 있으니 받아쓰기에 너무 스트레스를 받지 않도록 조심해야 합니다. '100점 맞으면 피자 사줄게.'라는 물질적 보상을 버릇처럼 약속하면 과정보다는 결과를 중시하게 되지요. 도덕성에 대한 개념이 확립되지 않은 시기여서 남의 시험지를 보고서라도 100점을 받으려고 할 수 있어요. 성적 압박을 일찍부터 할 필요는 없지요. 연습해도 매번 백 점을 맞을 수 없고 틀릴 수 있다는 것을 받아들이면 좋겠습니다. 다음에 또 기회가 있으니 괜찮다는 태도를 보여주세요. 1학년 1학기에는 무리한 받아쓰기, 알림장 쓰기, 일기 쓰기는 권고 지양 사항입니다.

의외로 왼손잡이 학생이 많은데, 억지로 오른손을 사용하게 하면 한글 익히기가 아닌 손에 집중하게 됩니다. 아이의 타고난 우세 손 기능을 지나치게 교정을 시키려는 것은, 아이에게 스트레스를 줄 수 있어요. 읽기 능력 저하, 우울증 등 언어장애, 행동장애, 정서장애와 같은 부정적 문제를 초래할 수 있어 바람직하지 않아요.

TIP

한글을 빨리 떼려면?

학교에 들어가기 전에는 한글 공부를 놀이로 접근하는 것이 좋아요. 놀이로 접하면 받아들이기가 훨씬 쉽거든요. 자석 퍼즐 놀이나 과자로 글자 만들기, 찰흙같이 생긴 '유토'로 국수 가루처럼 글자를 만드는 활동을 하면서 다양한

---

4 『2022 교육과정』, 교육부 고시 제2022-33호, 2022

글자를 만들며 노는 겁니다. 이 단계가 조금 지나면 시중에 나와 있는 한글 공부 책을 사서 학습하는 방법을 시도해 보세요. 여러 책을 사는 것보다는 한 세트를 제대로 공부하게 하면 더 효과적입니다. 처음에 서툴더라도 칭찬과 격려를 해주어서 아이가 읽기와 쓰기에 흥미를 갖게 하면 좋겠어요. 글자가 맞고 틀리는 것에 지나치게 집착하면 아이가 지레 한글 익히기를 거부할 수 있어요. 간단한 편지 교환이나 글밥이 적은 책 읽기 활동을 함께 하면 어떨까요?

6장

책 읽기 습관을 갖게 하려면

초등 1학년 학부모들은 입학하자마자 곧장 글밥 책으로 책을 읽히려고 해요. 그림책은 미취학 아동이 읽는 책, 글밥 책은 초등학생이 읽는 책이라는 고정관념 때문입니다. 사실 이런 관념 자체가 잘못된 건 아니에요. 아이들은 글자라는 기호를 읽고 그 기호를 조합한 단어의 뜻을 이해하고 단어를 연결해 문장의 뜻을 해석하는 과정이 아직 껄끄러워요. 그런 상태에서 책마저 길어지면 아이는 곱절로 어려움을 느끼게 됩니다. 책 읽기가 고통을 가져다주는 일이 되지요. 이 시기에는 오히려 **아이가 꾸준히 봐왔던 그림책을 많이 읽는 것이 효과적일 수 있어요.** 달달 외울 정도로 읽어준 그림책이어도 상관없고 초등 1학년이 읽기에 다소 짧은 책이어도 상관없어요. 글자를 읽고 이해하는 과정의 부담을 줄이면서 적절한 독서량을 유지할 수 있다면 어떤 책이어도 괜찮습니다.

편차가 있을 수 있지만 **스스로 책을 읽는 시간은 대체로 하루에 30분에서 1시간 정도가 적당해요.** 이렇게 한두 달만 하면 아이는 글밥 책도 잘 읽을 수 있게 되지요. 그렇다고 해서 바로 글밥 책으로 넘어가는 게 좋다는 뜻은 아닙니다. 그림책 읽기 단계에서 충분한 독서량을 쌓는 게 훨씬 더 효과적인 방법이지요. 일단 한 권, 한 권을 수월하게 읽음으로써 읽기에 대한 호감도와 자신감을 키울 수 있어요.

자발적 독서를 지속하기 위해서는 독서를 생활화하는 것이 중요해요. **독서 시간, 서점과 도서관을 방문하는 날 등을 정해두면 도움이 될 겁니다.** '저녁 8~9시는 독서 시간', '매주 토요일은 도서관이나 서점 가는 날' 하는 식으로 말이지요. 책을 고르고 읽을 기회를 끊임없이 주세요. 더불어 책 고르는 능력을 길러야 해요. 이 능력을 갖춘 아이는 부모님이 관심을 끊어도 계속 책을 읽을 수 있지만 그렇지 않은 아이는 이내 책을 내려놓게 됩니다. 책 고르는 능력? 그건 책 구경을 많이 하고 자주 골라보는 게 유일한 방법이지요. 아이와 함께 자주 도서관에 가주는 것, 인내심을 가지고 기다릴 것, 이 두 가지입니다. 그런데 아이가 도서관이나 서점을 가기 싫어한다면 어떻게 해야 할까요? 먼저 **아이가 좋아하는 음식이나 장난감을 사주고, 놀이처럼 도서관을 가는 겁니다. 아이에게 책을 골라주는 것은, 절대 하지 마세요.** 먼저 아이가 흥미로워하는 캐릭터나, 관심 분야의 그림책으로 접근하게 하는 게 좋아요. 미리 전집을 사거나, 시리즈를 사두는 것은 어리석은 일이에요. 괜히 비싼 걸 사두고 그것 때문에 강요하면 아이가 부담을 느끼고 책 읽기를 더 싫어할 수 있어요.

〈책 읽을 시간이 없어요〉

요즘 아이들은 사교육에 많은 시간을 빼앗겨 책 읽을 여유와 시간이 없다고 해요. 학원을 뺑뺑이 돌려 많이 다니는 게 안쓰러워 그 보상으로 스마트폰을 사준다는 이야기를 들었어요. 아이 입장으로 보면 '내가 이렇게 힘들게 공부를 하니 스마트폰을 사달라'가 되고, 부모 입장으로 보면 '공부하느라 놀 틈도 없는데 스마트폰 게임이라도 해라.'가 되어 버린 겁니다. 독서교육의 관점에서 보면 사교육과 스마트폰의 연계는 최악의 조합인 셈이거든요. 스마트폰과 컴퓨터게임이 아이들의 언어능력을 떨어뜨립니다. 아이들의 여가를 블랙홀처럼 빨아드리기 때문이지요. '2020 어린이 미디어 이용 실태 조사' 결과 초등학교 고학년의 스마트폰 보유율은 87.7%로 나타났습니다. 초등학교 6학년의 보유율은 92.6%로, 10명 중 9명이 스마트폰을 갖고 있었어요.

이처럼 스마트폰의 보급률이 높은 데는 여러 가지 이유가 있지만, 대표적 이유 중 하나는 사교육이에요. 평일에는 빽빽한 사교육 일정 때문에 책 읽을 시간이 없고, 주말에는 학원 숙제하느라 많은 시간을 보낸다고 해요. 그나마 남는 여가와 틈새 시간은 스마트폰과 컴퓨터 게임으로 채운다고 하니 언제 책을 읽을까요?

〈읽기 독립의 적들은 무엇일까요?〉

진정한 읽기 독립은 '책이 재미있어서 스스로 읽는 아이'가 되는 것이지요. 결국 '아이가 책의 재미를 느낄 수 있느냐'가 핵심입니다. 책의 재미를 충분히 느끼게 되면 부모님의 관리 없이도 스스로 책을 읽

는 아이가 될 수 있으니까요. 그런데 우리 주위에는 책 읽기의 즐거움
을 빼앗을 수 있는 적이 참 많아 걱정이에요.

1. 전집: 전집은 나쁜 책이 아닙니다. 다만 아이의 취향과 상관없이
   여러 권의 책을 한꺼번에 구매하게 되면 책 읽기가 공부이자 의
   무로 변화하기 쉽다는 점이 문제입니다. 나이에 따라 읽어야 할
   전집이 정해져 있다는 생각, 구매한 전집은 반드시 다 읽어야 한
   다는 생각을 내려놓지 못하면 독서교육은 결국 실패로 돌아가요.

2. 학습만화: 아이가 읽는 10권의 책 중 2~3권이 학습만화라면 괜찮
   지 않을까요? 물론 그 정도 비율을 유지할 수 있다면 심각한 문
   제는 아닙니다. 하지만 많은 경우, 학습만화에 한번 발을 들이면
   그 비중이 점점 늘어나게 돼요. 결국 대부분의 독서가 학습만화
   가 되는 거죠. 한 줌도 안 되는 작은 지식을 얻기 위해 언어능력
   을 올리는 데 도움도 안 되고 독서 습관마저 망칠 수 있는 학습
   만화를 읽힐 필요가 있을까요?

3. 속독: 읽기 독립 시기에 가장 주의해야 할 것이 속독입니다. 아무
   리 많이 읽어도 독서 효과를 볼 수 없기 때문이지요.

4. 사교육: 사교육의 효과는 초등 저학년 때 가장 높고, 학년이 올라
   갈수록 낮아지다가 중등 2학년이 되면 사실상 사라지게 돼요.
   결국 스스로 읽고 이해하는 공부를 해야 해요. 초등학교만 다니
   고 마는 게 아니라면 사교육을 시키느라 책 읽을 시간을 빼앗지
   않았으면 좋겠어요.

5. 스마트폰: '스마트폰을 영원히 안 줄 수는 없다. 중학교, 고등학생

이 되어 스마트폰에 푹 빠지는 것보다 차라리 어릴 때 그 시기를 거치는 게 낫다.'라고 생각하는 어른들이 많아요. 스마트폰은 반드시 겪어야 할 통과의례가 아니에요. 어릴 때부터 스마트폰을 한 아이일수록 훨씬 더 심각하게 스마트폰에 빠지니 가능한 한 늦게 줘야 해요.

TIP

책을 좋아하는 아이로 키우려면

일단 책을 장난감 삼아 놀 줄 알아야 해요. 독서는 눈으로만 글을 읽는 시각 활동이 아닙니다. 딸랑이나 소리가 나는 책도 책과의 친숙함을 키워줄 수 있어요. 목욕하면서도 볼 수 있는 비닐 책, 페이지를 열면 입체가 등장하는 팝업북, 덮개를 열어 볼 수 있는 플랩 북, 손으로 만지면 촉감을 느낄 수 있는 촉감 책, 등 책을 늘 아이 곁에 두어 아이가 자주 만지고 보게 하고 책으로 탑도 쌓아보고, 길도 만들어 보면서 책을 가지고 노는 것도 좋아요.

TIP

책으로 친구 만들기

책가방에 언제든 읽을 수 있는 책 한 권을 넣어두면 어떨까요? 쉬는 시간에 책을 읽고 있으면 친구가 읽는 책이 무엇인지 궁금해서 물어보는 아이도 있고, 같이 책을 읽는 아이도 많이 보게 돼요. 서로 책을 읽고 이야기를 나누면서 우정을 나눌 수도 있고, 도서관에 친구와 함께 책을 빌리러 가는 모습은 정말 보기 좋아요.

3부

학교 가는 것이
치맛바람일까?

1장

반 모임에 나가지 않으면 아이가 소외될까?

단톡방은 주로 학부모 총회 때 만난 학급 엄마들 중심으로 전화번호를 교환하면서 이루어지는 게 보통입니다. 처음에는 아이를 키우는 데 필요한 정보를 서로 교환하자는 좋은 취지로 만들어지지요. 그러다가 특정 아이에 대한 비난으로 시작해서 학부모끼리 명예 훼손으로 고소까지 가는 사례를 보았습니다.

요즘 단톡방으로 인한 스트레스가 많다는 어느 학부모의 하소연을 들은 적이 있어요. 자녀가 시험점수 만점 받은 '인증샷'을 자랑삼아 올리니 자신과 자신의 아이가 초라하게 보이더랍니다.

'우리 아이는 왜 이 모양일까?'

그런 생각이 드니, 아이에게도 수시로 짜증을 내게 된다네요. 스트레스로 그 단톡방을 나오자니, 아이를 키우는 정보를 얻지 못할 것 같은 두려움에서 그러지도 못하고 우왕좌왕하는 자신이 밉다고 해요. 그렇다면 이 학부모 단톡방 꼭 참여해야 할까요? 특히나 조손가정이나 한 부모 가정에서는 이러한 상황으로 인해서 아이가 기죽지 않을까 노심초사하게 되고, 단톡방에 참여해야 할지 망설이게 될 거예요.

학교와 학급의 이름을 건 단톡방에 초대받았다면 굳이 참여하지 않을 이유는 없을 겁니다. 물론 그 안에 있으면 듣고 싶지 않은 이야기들, 참여하고 싶지 않은 글이 올라올 우려가 있는 게 사실이지요. 그러나 대부분 공지 사항 전달 정도라면 단톡방에 들어가 있는 게 좋겠지요. 유치원에서 사이가 좋지 않았던 엄마들과의 관계가 초등학교까지 이어지고 결국 학교 폭력 대책 심의위원회까지 열리는 사례를 보았습니다. 나눌 이야기가 없을 때는 대담하게 나가는 것도, 하나의 방법이라고 생각해요. 단톡방보다는 마음에 맞는 몇 분과 개인적으로 연락하거나, 선택적으로 참여하면 어떨까요? 조심해야 할 점은 단톡방에서 그리고 개인적 만남에서 험담하지 말아야 한다는 점입니다. 학부모 모임이나 공개수업에서 만난 엄마가 코드가 맞는다면 그 사람과 만남을 지속할 수 있겠지요. 담임선생님께 다른 엄마의 연락처를 묻는 경우가 있는데, 개인정보 보호 차원에서 알려줄 수 없어요. 같은 반의 한 두 분에게 먼저 다가가 전화번호를 알아 놓고 교류를 하는 것이 좋은 방법이지요. 이분들과 좋은 관계를 유지하면 급할 때 도움을 받을 수 있어요. 예전에는 녹색 어머니 관계로 서로 전화번호를 공유하자는 차원에서 단톡방을 사용했지만, 이제는 구청으로 그 업무가 이관되어 그럴 필요가 없어졌어요. 학교에서 단톡방 사용을 권장하지 않는다면 그 권고에 따르는 게 좋아요. 단톡방도, 학부모 모임도 결국은 아이가 적극적으로 즐겁게 학교생활을 하기 위함이란 것을 잊지 말아야겠지요.

2장

학부모 총회 꼭 가야 하나?

예전에는 학부모가 학교에 가는 일이 드물었지요. 학부모 총회에 간다고 하면, 아직도 일부 학부모는 옛날 치맛바람 일으키는 엄마를 연상하기도 합니다. 요즘은 1년에 한 번 학부모들이 모여 총회를 한다는 의미로 받아들이는 분위기지요. 총회에서는 담임교사의 경영철학, 학급 운영, 생활지도 방침, 가정에서의 소통 방법, 과제 및 준비물 안내, 평가 방침 및 계획을 들을 수 있어요. 궁금했던 부분을 담임선생님을 통해서 알 수 있고, 맞벌이 부부나 조손가정의 경우 한두 명 정도 연락을 주고받을 학부모의 연락처를 알게 되는 기회이기도 해요. 학급 임원으로 뽑힐까 부담되어 참여하지 않으려는 학부모도 있어요. 참여도를 높이기 위해 학교에서는 학부모 공개수업 후에 학부모 총회를 개최하기도 하지요.

6학년 담임으로 근무하던 학년말 무렵이었어요. 학교 운영 위원장으로 계시던 ○○ 어머님께서 교실에 들러서는

"선생님, 일 년 동안 수고 많으셨네요. 제가 이번에 교장 선생님께 이야기해서 저학년으로 담임을 주시라고 이야기를 좀 할게요."

라고 이야기하는데, 제가 기분이 좋았을까요?

"어머님, 저를 생각해서 하시는 말씀은 고맙지만, 초등학교 교사 자

격증은 어느 학년만 가르치라고 주는 게 아니라서요. 어느 학년이든 제가 맡게 되면 열심히 해야지요."

라고 말씀드리면서도 한편으론 씁쓸한 기분이 들었어요. 자주 교장 선생님을 뵙고 학교 일을 의논하다 보니, 인사 청탁도 마음대로 할 수 있을 거란 생각이 들었던 모양입니다. 치맛바람이란 어머니가 학교 활동이나 행사에 지나치게 참여해서 부정적인 영향을 줄 때 쓰이는 말이지요. 요즘 치맛바람으로 자녀에게 특혜를 요구하거나 지나치게 간섭하는 학부모로 학교 입장이 곤란해지기도 해요. 반면 학부모의 지나친 무관심도 문제입니다. 흔히 학부모, 교사, 학생을 가리켜 교육공동체라고 불러요. 학부모는 교육의 직접적인 이해 당사자로서 교육에 참여할 권리를 가지고 있지요. 학년말이면 교육과정 설문조사를 합니다. 그때 학부모, 교사, 학생이 참여해서 함께 학교의 새 학년 교육과정을 만들게 됩니다. 바람직한 학교 교육을 이끌어 가기 위해서 학부모 의견 수렴을 받는 과정이기에, 학부모의 교육 참여가 중요한 거지요.

학부모가 슬기롭게 교육에 참여하려면 어떤 방법이 있을까요? 먼저 학교에 대한 의견을 제시할 수 있어요. 화장실 청소를 좀 더 깨끗이 하였으면 한다든지, 운동기구 설치를 다양하게 한다든지, 스마트폰 사용에 대한 제안이랄지, 수시로 학교에 의견을 제시하되 학부모회나 교육과정 설문을 통해 건의 사항을 낼 수 있어요. 학부모회는 예전에는 임원의 부모가 가입했지만, 지금은 전혀 그것과 상관이 없어요. 요즘은 학교마다 민원창구를 열고 있으니 그곳을 통해 소통해도 좋아요. 독서 논술 지도, 학부모 명예 사서 활동, 직업체험 진로지도 등 단체를 통해서도 다양한 활동으로 참여할 수 있답니다. 또 모니터링 활동이라는 게 있어요. 공개수업, 교원능력개발평가, 급식 모니터링 등을 통해 학교에서 이루어지는 교육 전반에 대해 의견을 낼 수 있지요. 급식실의 위생 상태나 양질의 급식이 이루어지도록 급식 모니터링이란 단체에 희망하면 가입할 수 있어요. **교원 능력평가 소위원회, 방과 후 소위원회에서 선생님의 수업이나 생활지도, 방과후 학교의 업체 선정이나 수강료 심의 등에도 참가할 수 있습니다. 심지어 수학여행 장소 선정을 위한 사전답사도 학부모가 참여하지요.** 재능이 있는 학부모가 자원봉사로 전래놀이 지도, 동화 읽기 지도 등으로 아이들의 왕따 문제에 기여하기도 합니다. 학부모로 교육도 받을 수 있어요. 1학년 신입생 학부모 교육도 있고 민주시민 향상을 위한 교육이 수시로 있어요. 제가 재직했던 학교에서도 학부모 교육활동이 활발하여 매주 모여서 **비누공예, 고적 답사, 캘리그래피 등 다양한 취미활동에 참여하시는 모습을 보았어요.**

예전의 녹색어머니회는 구청 사업으로 넘어가서 학부모님의 부담이 덜어졌어요. 또 급식 당번으로 돌아가면서 학부모님이 점심시간에 배식해 주는 봉사도 구청 사업으로 넘어갔지요. 모든 단체에 드는 경비가 없습니다. 슬기로운 치맛바람으로 학교를 변화시키면, 아이가 행복한 학교가 될 수 있는 겁니다.

총회 때, 학급 대표를 뽑는다는데

전체적으로 학교 운영위원이나 학부모 대표를 뽑고, 학급에서는 학급 학부모 대표, 급식 모니터링, 도서 명예 교사, 학부모 명예 교사를 뽑아요. 담임교사는 할당된 인원을 채우느라 고생하고, 학부모들은 서로 감투를 쓰지 않으려고 수업 공개가 끝나기가 무섭게 빠져나가기도 해요. 예전에는 그런 감투가 경비 때문에 부담이 있었지만, 요즘은 학교에 자주 나오고 싶고, 의견을 제시하고 싶은 적극적인 엄마들이 많습니다.

TIP

공개수업 때 조심할 일

공개수업에 참관할 때는 아이들의 수업 집중을 방해하지 않아야 해요. '엄마 여기 있다.'는 언질은 한 번 정도 눈인사로 충분합니다. 사진이나 동영상을 찍는 것은 수업 방해도 되고 개인정보 침해로 고소당할 수 있어요. SNS에 올릴 때도 다른 사람의 얼굴이 나오지 않도록 조심해야겠지요.

3장

학부모 상담이 부담스러워요

제가 학교 다닐 때만 해도 학부모 상담하러 간다면 아이에게 문제나 있어야 가는 줄 알았었지요. 그렇지 않으면 시쳇말로 '와이로'를 쓰려고 선물이나 현금을 상납하고 우리 아이를 특별하게 잘 봐달라는 의미로 선생님을 만나는 부모도 있었어요. 요즘은 **학부모 상담 주간이라는 게 있어요. 3월 말이나, 4월 초순에 진행됩니다.** 거의 모든 학부모가 상담하러 학교에 와요. 보통 한 학생당 20분에서 30분 정도 걸리는데, 그 시간을 꼭 지켜야 해요. 늦게 가거나, 상담 시간이 길어지면 다음 사람에게 민폐가 되거든요.

○○ 엄마는 학부모 상담을 진행한 후에 깜짝 놀랐어요. 담임선생님은 ○○이가 학교에서 무척 조용하고, 말이 없다고 했거든요. 의견을 내는 소리가 너무 작아서 좀 더 큰 소리로 발표하면 좋겠다고 해요. ○○은 집에서는 정말 활발하고 오늘 있었던 일을 자세하게 부모에게 이야기하기에, 학교에서도 그렇게 생활하는 줄 알고 있었던 거지요. 아이들은 가정에서와 학교에서 다르게 생활할 수 있어요. 학부모 상담을 하면서 객관적 시각으로 아이를 볼 수 있는 기회가 생기기도 합니다. 그래서 더욱 학부모 상담이 필요한 거지요. 그런데 아이러니하게도 학교생활을 잘해 특별한 상담이 필요가 없는 아이의 학부모는

대부분 상담을 신청하고, 상담이 꼭 필요한 아이의 학부모는 상담을 신청하지 않는 경우가 많아요. 보통 학교에서 학부모 상담 기간은 한 학기에 한 번 정도 부모에게 대면상담 신청서를 받아서 진행해요. 담임선생님과 만나서 하는 첫 상담은 어떻게, 무엇을 준비하면 좋을까요?

선물은 마음으로만 준비하는 게 좋습니다. 선생님에게 감사의 표시로 무언가를 대접하고 싶은 마음에 커피나 음료수를 준비하시는 분들이 있어요. 김영란법으로 작은 커피 하나라도 드리지 말아야 해요. 선생님께 마음의 부담을 주는 불편한 행위입니다. 수고하시는 선생님께 정말 감사하고, 응원하고 있다는 말씀으로 시작하신다면 우호적이고 진솔한 분위기에서 대화를 나누실 수 있어요.

아이가 특정 음식에 알레르기가 있다거나, 문제행동이 있거나, 신체적으로 특별히 알려야 할 정보가 있는 경우에는 하루라도 빨리 담임교사에게 알리는 게 좋아요. 3월은 교사에게 업무로 매우 바쁜 시기에요. 아이도 3월 초에는 긴장해서, 평소의 생활 태도를 보이지 않을 수 있습니다. 좀 더 시기를 보내면 담임선생님이 아이에 대해 충분히 관찰할 시간을 갖게 되니 한 달 정도 지난 후에 상담 시간을 갖는 게 좋아요. 1학기에는 학부모가 선생님에게 많은 정보를 줄 필요가 있어요. 상담할 때 많은 학부모가 불편하다고 생각되는 말은 주저하며 어렵게 말하거나, 아예 이야기를 꺼내지도 않고 좋은 얘기만 하게 되지요. 부담되는 이야기를 해서 공연히 아이에 대한 선입견이나 편견을 가질까 염려하는 마음 때문입니다. 그러나 이것은 지나친 걱정이에요. 상담은 불편한 사항을 함께 해결하고자 하는 활동이므로 자녀 교육에서 어려운 점은 솔직하게 상담하는 것이 좋다고 봐요.

상담 내용은 미리 생각하고 가세요. **상담 전 아이와 학교생활에 대해 함께 이야기하고, 아이가 불편한 일이 있는지도 살피고, 학교생활에서 꼭 물어보고 싶었던 질문을 미리 생각해서 상담하는 게 좋습니다.** 아이가 아토피로 힘들어한다던가, 비만으로 아이들에게 놀림 받을까 걱정이라던가, 글씨가 악필이라 교정하려고 가정에서도 노력한다든지, 등 도움이 될 만한 정보를 선생님께 알려드리면 좋겠어요. 선생님께는 학교에서의 수업 태도, 진단평가 결과, 모둠활동의 태도, 친구들과의 관계 등 궁금한 점을 물어볼 수 있어요. 요즘은 선생님이 아이에 대해 솔직히 이야기하지 못하는 측면이 있어요. 민원 때문입니다. 혹시 **주변에서 들리는 이야기로 걱정이 되는 부분이 있으면 넌지시 먼저 운을 떼면서 집에서 잘 고쳐지지 않는 버릇이 있는데, 학교에서는 어떨지 모르겠다며 부모가 먼저 대화의 물꼬를 트는 게 좋아요.** 그러면 담임선생님도 편안한 마음으로 아이의 개선점을 이야기하실 수 있을 겁니다. 아이를 위해서라면 교사와 부모는 성장과 발전을 목적으로 협력해야 할 관계거든요. 아이에게 문제가 생기거나, 급한 일로 연락할 경우, 어떤 방법으로 소통하는 게 좋을지 상담하면서, 미리 연락 소통 수단을 정해두시면 좋겠어요. 선생님에 따라 선호하는 연락 방법이 다를 수 있기 때문입니다. 교실에서 상담을 진행한다면 아이의 사물함 정돈 상태나 학급의 게시물을 확인해 보는 것도 좋아요.

2학기 상담에서는 **1학기 때 어떤 내용으로 상담이 진행되었는지를**

기억할 필요가 있어요. 여전히 발표하며 부끄러워하는지, 친구 관계에 어려움을 겪었다면, 2학기에는 잘 지내는지, 5개월 동안의 변화된 부분을 여쭈어보는 겁니다. 1학기 말에 받은 통지표를 보고 궁금한 점이나 가정에서 파악하기 힘든 부분을 질문해도 돼요. 이때, 공격적인 태도보다는 가정에서 신경 써야 할 점을 알고 싶다는 식으로 대화하면 좋겠지요.

선생님과 상담을 끝내면 아이가 매우 그 내용에 대해 궁금해할 거에요. 선생님의 칭찬을 전달해 주고, 개선이 필요한 면이 있으면, 이런 부분에 관심을 가지고 노력하면 좋겠다고 어깨를 두드리고 응원해 주세요.

아이가 학교에서 어려움을 겪었다면 부모님은 걱정이 많을 겁니다. 아이에게 관심을 두지 않아서인가 죄책감이 생기기도 하지요. 이때 학부모가 담임선생님을 신뢰하고 있다면 문제가 쉽고 빠르게 해결될 수 있어요. 학부모 상담은 아이를 객관적으로 올바르게 이해하기 위해 꼭 필요합니다.

4장

담임선생님과의 관계

　요즘은 1학년 담임을 맡으려는 교사가 드뭅니다. 기피 학년이 된 거지요. 과도한 민원, 보호자의 과도한 요구, 유치원과 비교한 불평, 아이의 학교생활 부적응이 그 원인입니다. 크고 작은 사건이 학급에서 일어나는데, 점심 식사 시간마저 긴장의 연속입니다. 뜨거운 국물에 데거나, 식판을 쏟거나 하는 사고가 일어나지 않은 것만도 천만다행이지요.

　언젠가 1학년 공개수업에 참관했는데, 한 학생이

　"선생님, 화장실 다녀와도 돼요?"

라고 질문하자, 선생님이 칠판에 무언가를 적는 도중에

　"네. 다녀오세요."

라고 답하며 뒤를 돌아보았는데, 한두 명 빼고 모든 학생이 화장실로 우르르 간 거예요. 아이들이 한두 명 있는 교실에서, 선생님도 수업 참관하는 이도 모두 진땀이 나서 어쩔 줄 몰랐던 기억이 나네요. 학부모는 특수한 일 학년 사정을 이해하기보다는, 먼저 문제가 일어나면 교장이나 교육청에 민원부터 넣고 시작해요. 심한 경우 변호사를 대동해서 문제를 해결하려고 하지요. 아이의 잘못에 대해서 지적하거나 나무라면 정서학대로 신고를 합니다. 또 담임 교체를 요구하기도 하지요. 교감 시절에 그런 일로 담임교사를 세 번 바꾼 적도 있었어요. 그런데 그거 아세요? 가장 혼란을 맞이하고 힘든 건 아이들이란 겁니다. 특히 1학년 때는 담임의 역할이 엄청나거든요. **유아기 특성을 벗어나지 못하는 아이들이 학교와 교실에 적응하기도 힘든데, 엄마와 같은 역할을 해야 하는 담임선생님이 자주 바뀐다면 아이의 정서 건강은 과연 괜찮을까요?**

학교에서는 될 수 있으면 전문성과 역량을 갖춘 교사를 1학년에 배정하려고 노력해요. 학부모도 아이가 겪고 있는 불안과 갈등, 부적응을 학교와 교사의 문제로만 보지 말고, 아이가 학교생활에 잘 적응하고 성장하도록 격려하고 지원하는 인내와 용기가 필요하다고 봐요. 아이 앞에서 선생님 험담을 하거나 좋지 않은 뉘앙스의 이야기를 하면 아이 또한 선생님에게 신뢰를 잃고 학교에서 비협조적인 태도가 되기 쉬워요. 아이 교육의 효과를 높이기 위해서라도 선생님에 대한 신뢰와 긍정적인 생각을 아이들 앞에서 보여주면 좋겠어요.

학기 초에는 가정통신문이 정말 많이 배부됩니다. 가정환경조사서, 개인정보동의서, 응급처치동의서 등 셀 수 없이 많아요. 배부하는 담임선생님도, 작성하는 학부모도 짜증이 날 정도예요. 이럴 때 필수로 회신받아야 하는 가정통신문인데 회신이 늦어지는 경우 선생님은 계속 연락하며 회신을 위해 신경을 쓰게 되지요. 선생님의 일을 덜어주는 방법은 배부 다음 날 바로 보내주는 거예요. 가정에서 꼼꼼히 빠진 내용 없게 작성해 주면 선생님에게 도움을 줄 수 있습니다.

가정환경조사서 맨 밑에 담임선생님에게 쓰는 칸이 있어요. 아이에 대한 부탁의 말을 쓰는 공간이지요. 여기에 아이에 대한 특별한 내용이 없으면 빈칸으로 내는 분들이 많아요. 이곳에 선생님에게 힘이 되는 긍정적인 응원의 메시지를 보내준다면 좋을 것 같습니다.

TIP

담임선생님께 갑자기 연락해야 하는데요

1학년 담임할 때인데, 교실로 수업 시간에 전화가 다급하게 왔어요. 알고 보니 집 열쇠를 누구에게 맡겨놓았다고 하는 전화였어요. 요즘은 도어록이 있어서 참 다행입니다. 아이가 아파서 결석하는 급한 전화라면 선생님 휴대전화보다는 아침에 학교 대표전화로 통화해서 메모를 부탁하는 게 좋아요. 휴대전화는 수업 중 받지 않는 경우가 많고, 학교 전화는 교무실에서 근무하는 누군가가 전해줄 수 있기 때문이지요. 퇴근 시간 이후의 전화나 카톡, 문자 역시 될 수 있으면 삼가는 게 좋아요. 학부모 상담 시간에 혹시 급히 연락이 필요할 경우 어떻게 하면 좋을지 사전에 선생님과 약속을 정해두면 편리합니다. 아이의 신변과 안전에 관한 문제라면 언제든 전화하는 게 좋아요.

예전에 주말에 구하기 힘든 ○○○ 가수의 콘서트를 예매하고 동생과 스트레스 풀러 갔는데, 학부모의 긴 통화로 모처럼의 부풀었던 시간을 망쳤던 기억이 있어요. 선생님도 사람이고, 주말에는 긴장을 풀 시간이 필요하거든요. 선생님이 에너지를 충전해야, 내 아이에게도 도움이 된다는 사실을 명심해 주면 좋겠어요.

5장

학교 일상, 행사 미리 보기

〈수업과 일과〉

학교 마치는 시간은 학년별로 다 달라요. 1학년은 3월에 학교 적응 활동으로 3월 1~3주까지는 4교시까지 수업하고 급식을 먹고 하교합니다. 수업 시간은 40분입니다. 쉬는 시간은 10분, 점심시간은 50분 정도인데, 학교마다 조금씩 다르지요. 아침 등교 시간은 8시 40분에서 9시입니다. 학년 초에 학급별 기초 시간표가 안내되지만, 학교 행사 운영이나 과목별 운영 시수에 따라 매주 달라질 수 있어요.

〈학사력 확인〉

일 년 동안의 행사를 알기 가장 좋은 방법은 학교에서 주는 학사력을 참고하면 됩니다. 보통 3월 말경이면 다 받을 수 있을 거예요. 학사력은 방학일, 개학일, 학교 자율 휴업일, 현장 체험학습일, 학교 운동회 등 행사를 알 수 있는 교육활동이 표기된 달력을 말해요. 보통 입학식이나 3월 말 전에 받을 수 있습니다. 맞벌이 가정에서는 미리 휴가를 계획하거나 아이를 위한 보육에 참고할 수 있어요. 급식은 보통 일 년에 188일 정도이고 방학식이나 개학식 당일에는 급식이 없을 수 있으니 아이의 오후 스케줄에 참고하세요.

〈주간학습 안내문〉

입학 후 한 달간 주간학습 안내문이 옵니다. 학교에서 오는 통신문 파일을 꼭 확인하세요. 등하교 시간, 수업시간표, 시정표, 준비물, 학교나 학급의 공지 사항을 꼼꼼히 살펴보세요.

〈가정통신문, 알림장 확인〉

요즈음은 종이로 된 가정통신문 외에 앱에서 알려주는 통신문으로 보내는 학교가 많아요. 아이들이 종이로 된 가정통신문을 전달하지 않기도 하고, 깜박하고 잊을 수 있어서 앱으로도 보내주지요. 종이 절약 차원이기도 하고요. 학교와 소통하는 앱을 자주 들여다보고 확인하세요. 선생님에 따라서 알림장에 상세한 내용을 적어 보내는 일도 있고, 학교생활 피드백을 보내는 경우가 있으니 매일 확인해 봐야 해요. 준비물이나 가방 챙기는 일도 아이와 함께하는 게 좋습니다. 보통 두 달 정도 후엔 스스로 챙기는 습관이 형성되도록 미리 준비해야겠지요.

〈나이스 NEIS 학교 서비스〉

우리나라 모든 학교에서 이 시스템을 통해, 아이의 학교생활에 대한 모든 서비스를 기록하는 만큼 이 서비스에 가입하는 것이 좋아요. 나이스를 이용하면 학교에 직접 찾아가지 않아도 아이의 학교 정보, 출결 상황, 성적 등을 알 수 있어요. 생활기록부를 열람하거나 교육 관련 증명서도 받을 수 있습니다. www.neis.go.kr에 접속해서 회원 가입하면 돼요.

TIP

나이스에서 학부모 서비스를 받으려면

1. 은행 인터넷 뱅킹용 공인인증서 준비

2. 나이스 접속 후 해당 교육청 선택

3. 성명, 주민등록번호 입력 후 인증, 공인인증서 선택, 암호 입력

4. 학부모 서비스 신청

5. 학교에서 확인 후 승인(2~3일 소요)

6. 자녀 정보 조회 후 자녀 이름 클릭

〈학부모 공개수업〉

보통 학부모 공개수업은 연 1~2회(4월~5월이나 10월~11월경) 진행됩니다. 학생들이 수업하는 모습을 학부모에게 공개하는 날이지요. 저학년 아이들은 부모가 오는지 안 오는지 무척 기대하는데, 고학년 올라갈수록 부모님이 오시는 것을, 반기지 않는 것 같아요. 학년이 올라갈수록 참관하는 학부모 숫자가 적어지는 걸 볼 수 있지요. 아이들은 교실 뒤편에 서 있는 엄마, 아빠를 의식해서 평소보다 발표도 잘하고 수업 태도도 바른 편입니다. 아이의 평소 수업하는 태도를 지켜보고 싶다면 참석하는 것을 권장해요. 또 아이가 원한다면 참석하는 게 좋겠지요. 수업 장면을 녹화하거나, 사진 촬영은 초상권 침해가 될 수 있으니 조심해야 합니다.

〈학생 정서 행동 특성 검사〉

초등1, 4학년이 되면 정서 행동 특성을 검사하라는 통신문이 오는데, 학부모가 응답하게 됩니다. 보통 4월 중순쯤 검사 참여 동의 여부, 검사방법(온라인, 서면) 선택, 검사 실시 여부 확인하고 회신서를 학교로 보냅니다. 지정된 검사가 끝나면 결과지를 우편으로 발송하거나 아이를 통해 밀봉하여 직접 가정으로 보내기도 하지요. 결과는 비밀이 보장되고, 생활기록부에 기록되지 않아요. 가끔 담임선생님이 보기에 학교생활에 큰 문제가 없어 보이는 데 결과가 관심군으로 나오는 경우가 있어요. 반대로 학교생활에 문제가 있는데, 결과가 제대로 반영이 되지 않을 수도 있습니다. 학부모가 검사에 참여하면서 올바르게 반영하지 못하거나, 부모의 주관적인 기준이 높거나 민감해서 관심군으로 나올 수 있습니다. 우리 아이의 특성을 잘 설명해 주는 결과를 받으려면 좀 더 객관적으로 아이를 관찰하고 응답해야겠지요? 위험군으로 나오면 추가검사를 권하게 돼요. 지속적인 지원이 필요한 아이에게는 병원이나 심리상담센터 등 전문기관과 연계해서 체계적인 관리를 받을 수 있습니다.

〈건강검진과 구강검진〉

1, 4학년 때 건강검진과 구강검진을 받아요. 구강검진은 해마다 받지만, 건강검진은 1, 4학년에 받게 됩니다. 학교에서는 건강검진 기관을 선정하고 국가에서 금액을 지정해서 내려보내요. 검진은 무료이고, 학교에서 지정해 주지 않은 병원을 이용할 경우나 중복 검사의 경우 유료로 진행합니다. 학년별로 기간을 정해주는 학교도 있고, 여름방학을 이용하도록 계약하기도 합니다. 학교에서 가정통신문에 검진 기관 연락처를 안내하고 문진표를 배부하면. 그중 한 곳을 선택하고 문진표를 작성해서 방문하면 돼요. 끝나면 회신서에 검진 기관 이름, 검진 날짜를 적고 만족도를 점검해서 학교로 보내게 됩니다.

〈생존수영〉

생존수영은 전 학년 대상으로 하고 있어요. (지역에 따라 차이가 있어요.) 학년에 따라 이론 수업만 할 수 있고, 직접 수영장으로 가서 실기 수업을 하기도 하지요. 강습이 가능한 수영장이 정해지면 학교에서 날짜를 조율해서 예약하게 됩니다. 그래서 특정한 날짜를 지정할 수 없어요. 생존수영은 수영장 수업 후 급식을 먹던지, 급식을 먹고 오후 수영장 수업을 할 수 있어요. 기본적으로 물과 친해지기, 물에 빠졌을 때 뜨는 방법 등 기본 생존수영을 배우게 됩니다.

〈학교 교육과정 평가〉

해마다 11월 말, 12월경이면 교사, 학생, 학부모를 대상으로 학교 교육과정 전반에 대한 만족도를 평가하는데, 학교 홈페이지에 접속하거나 링크나 큐알코드에 접속하는 온라인 평가입니다. 학부모 참여율이 높으면 학부모의 의견이 많이 반영될 수 있어요. 11월에 교원능력개발 평가도 있는데, 담임선생님, 교과 전담 교사에 대한 평가에요. 감사의 마음이나 아이의 의견을 들어 건의 사항을 적으면 좋습니다.

생일파티 해줘도 될까요?

매달 생일파티를 하는 유치원이나 어린이집과 달리 학교에서는 생일파티를 하지 않아요. 생일을 맞은 주인공이 간식이나 선물을 돌리지도 않고. 학교에서는 위생상의 이유로 간식 반입이 되지 않고 있어요. 과거엔 피자, 햄버거, 아이스크림 등을 돌리기도 했지만, 어느 학교 학부모가 학교에 돌린 간식을 먹고 배탈이 났다는 민원을 올린 사례도 있고, 요즘은 식중독, 알레르기 문제로 외부 음식 반입을 금지하고 있지요.

임원을 하려면?

1학년에서는 임원 선거가 없어요. 어떤 학교는 3학년 때부터 임원을 선출하기도 하는데, 돌아가면서 하거나, 회장, 부회장이 없는 학교도 많아요. 예전에는 학급 임원을 하면 체험학습 때 선생님 도시락을 준비한다는 부담을 갖기도 했지요. 요즘에는 일체 그럴 일이 없어요. 선생님 도시락은 선생님들이 준비하니 그런 걱정을 할 필요가 없습니다.

6장

전학을 가려면

저희 자매는 잦은 이사로 서울에서 전학을 많이 다녔어요. 엄마가 바쁘니 막냇동생 전학 처리는 제 차지였어요. 1970년대에 초등학교 전학 절차는 지금과는 많이 달랐습니다. 당시에는 전산화가 이루어지지 않았기 때문에 모든 서류를 직접 준비해야 했지요. 저는 2학년 때, 조치원에서 서울로 전학왔는데, 아이들이 '시골뜨기'라고 놀릴까 봐 늘 긴장했었어요.

어쩔 수 없이 전학을 가야 한다면 아이가 학교에 적응을 잘하는지 평소보다 세심한 관심이 필요해요. 대화를 자주 나누고 아이와 충분히 교감을 나누면 아이가 보다 빨리 낯선 환경에 적응할 수 있을 겁니다. 근래엔 전학 절차도 간단해졌어요. 전학 한번 가려면 학교 적응하는 것도 힘들고, 새 친구들 사귀는 게 어렵지요. 어떤 아이는 정이 든 친구들과 헤어지기 싫다고 먼 거리를 버스를 타고 다니기도 하는데, 늘 안전 문제로 신경이 쓰이는 게 사실입니다.

다음과 같은 사유로 전학이 가능합니다.

1. 거주지 이전에 의한 전학
2. 학생의 부적응 또는 가정의 사정(폭력)으로 인해서 아이의 학습

환경을 바꿔주어야 할 명확한 사유가 있는 경우

〈전출 시 해야 할 일〉

1. 담임선생님께 전학 이야기하고, 감사 인사 후, 교실 짐 정리 도와
   줄 것. 사물함, 책상 속 물건 정리, 도서실 책 반납
2. 행정실에서 우유 급식비, 스쿨뱅킹 미납금 확인, 혹시 미리 낸 방
   과후 학교 경비는 학교 규정에 따라 돌려받을 것
3. 학생 관련 서류는 따로 챙기지 않음. 나이스로 해당 학교에 온라
   인으로 전송해 줌

〈전입 시 해야 할 일〉

1. 이사 간 지역의 해당 주민센터에 들러, 학교 배정받기. 학교 배정
   통지서를 받아 해당 학교에 제출
2. 실내화 주머니, 교과서, 급식 수저, 물통을 가방에 챙겨 학교 교
   무실에 들러, 반 배정받고 준비물이나, 안내 사항 전달받기

4부

1학년 학교생활이 궁금해요

1장

달라진 교과서

2024년도부터 초등학교 1학년 교과서가 달라졌어요. 보통 교과서는 4월에 받게 되고, 4월부터 5교시가 시작입니다. 입학 초기 적응 활동을 개선하고, 한글 해득교육과 실외놀이 및 신체 활동 내용을 강화하는 목적으로 개정되었어요. **국어, 수학, 통합교과서로 구성되어 있지요.** 통합교과서란 예전의 바른생활, 슬기로운 생활, 즐거운 생활을 합친 교과입니다. 통합 교과와 창의적 체험활동으로 입학 적응 활동을 도와줍니다. **창의적 체험활동이란 용어도 생소하지요? 보통 줄여서 '창체'라고 하는데, 교과 이외의 활동을 말해요.** 예전의 특별활동 시간과 개념이 비슷하다고 볼 수 있어요. 이 활동은 자율활동, 동아리 활동, 봉사활동, 진로활동의 네 가지 영역으로 구성되어 있습니다. 이런 활동을 통해 학생들은 다양한 경험을 쌓고 창의성과 인성을 발전시킬 수 있어요.

국어 교과서는 국어와 국어 교육활동이라는 책으로 구성되어 있어요.

〈1학년 1학기 국어 목차〉

1. 글자를 만들어요
2. 받침이 있는 글자를 읽어요
3. 낱말과 친해져요
4. 여러 가지 낱말을 익혀요
5. 반갑게 인사해요
6. 또박또박 읽어요
7. 알맞은 낱말을 찾아요

한글 해득이 먼저 되어야 학생들의 문해력을 높일 수 있어서, 아이들의 문해력을 높이기 위해 국어 시수가 예전 교육과정에 비해 더 늘어났어요.

수학 교과서는 100까지의 수 덧셈과 뺄셈 등 생활 수학 학습인데, 수학과 수학 익힘 두 권입니다.

〈1학년 1학기 수학 목차〉

1. 9까지의 수
2. 여러 가지 모양

3. 덧셈과 뺄셈

4. 비교하기

5. 50까지의 수

1학년 교과서에서 숫자 읽기를 한글로 쓰는 활동(예: 8→팔, 여덟)을 지양했어요. 답만 쓰는 것이 아니라 문제를 해석하고 이를 해결하는 과정을 논리적으로 풀어서 쓸 수 있는 능력을 강조했습니다. 1학년 2학기에는 100까지 익히고 덧셈, 뺄셈 단원이 나옵니다. **미리 1에서 9까지 익히고 자연스럽게 놀이 형식이나 수학동화로 지도하면 아이가** 흥미를 느낄 수 있어요. '많이, 빨리'가 좋은 교육 방법이 아닙니다. 천천히 돌계단을 두드리며 건넌다는 생각으로 차분히 아이가 공부하는 모습을 지켜보되, 이웃 아이와 비교하지 마세요.

통합 교과로 바른생활 영역은 실천 중심 교과를 말하고, 슬기로운 생활 영역은 탐구 경험 중심, 즐거운 생활 영역은 놀이 경험 중심 교과를 말하는데, 이 영역이 통합된 교과를 통합 교과라고 말합니다. 2022 개정 교육과정 개편으로 1학년은 '학교', '사람들', '우리나라', '탐험' 이란 주제로 배우게 돼요. 통합 교과를 배우면서 '변화하는 오늘'과 '예측 불가능한 미래'를 사는 데 필요한 역량을 기르기 위함이지요. 우리들의 현재 삶은 과거의 삶에서 연유하고, 미래를 꿈꾸며 새롭게 만들어 가는 것이기 때문입니다.

〈학교〉교과

「학교」교과서는 입학 후에 학교생활 적응을 돕는 활동입니다. 화장실과 급식실 및 실내 생활 주의점, 자리와 가방 정리 방법, 발표 방법 등 학교생활의 기본적인 사항을 안내해줍니다. 선 긋기, 색칠하기, 오리기 등 한글 학습과 학교 수업에 필요한 기능도 배우게 돼요.

〈사람들〉교과

자신의 주변 사람에 대해서 알아가며 서로 배려하고 공감하는 것을 배우는 교과입니다. 「사람들」교과서는 학교생활에 어느 정도 적응한 아이들이 자신의 '주변 사람들'로 시야를 넓히도록 유도해 주지요. 자신의 주변을 이루는 사람들에 대해 관심을 가지고 더불어 살아갈 수 있도록 가르치는 겁니다. 「사람들」교과서에서 특징적인 것은 다른 사람의 감정을 읽는 법을 배운다는 점입니다. 집에서는 '공감하며 말하기와 듣기'를 연습하면 좋겠어요. 다른 사람의 말에 귀를 기울이며 적절하게 반응하는 법을 알아야 학교 수업이나 친구 관계에서도 문제가 없기 때문이지요.

〈우리나라〉 교과

대한민국에 사는 한 사람의 국민으로서, 우리나라의 문화를 알아가는 교과입니다. 「우리나라」 교과서는 대한민국 국민이라면 알아야 할 상식적인 내용을 다룹니다. 우리나라의 상징인 태극기와 무궁화, 우리나라의 문화인 한글과 한복, 명절 등이지요. 미리 우리나라와 관련된 영상을 시청하거나 박물관 등에 체험을 다녀오는 것을 권유합니다.

〈탐험〉 교과

학생들의 상상력을 자극하고, 변화하는 환경에서의 대처 능력을 배우게 됩니다. 「탐험」 교과서는 앞선 「학교」, 「사람들」, 「우리나라」 등의 지식을 습득하는 경험과는 조금 다릅니다. 급격하게 변화하는 환경 속에서 아이들은 어떻게 대처하며 살아가면 좋을지 「탐험」 교과서에서 제시한 미니 체험을 통해 탐구해 보는 활동이에요. 아이들이 삶의 탐험가가 되어 어느 곳을 떠나고 싶은지, 그곳에 가면 어떤 느낌일지 상상하게 됩니다. 땅속, 바닷속, 가상 공간 등 미지의 그곳에 무엇을 타고 가면 좋을지 선택하고, 용기 있는 마음을 키울 수 있어요. 가정에서도 아이들의 상상력을 자극할 수 있도록 동화책을 읽으면서 대화를 많이 나누어 보면 좋겠습니다.

각각의 통합 교과서 주제에 맞는 〈안전〉에 대해서도 알아두어야 해요. 「학교」 교과서에서는 학용품을 안전하게 사용하는 방법, 놀이터를 안전하게 즐기는 방법, 안전하게 등교하는 방법 등을 배워요. 「사람들」 교과서에서는 기침 예절, 납치나 유괴 방지 방법 등을 배우고, 「우리나라」 교과서에서는 여행 시 교통안전, 체험학습 시 유의 사항, 물놀이 안전 등을 배워요. 「탐험」 교과서에서는 스마트폰 사용 예절, 응급 상황에 대처하기, 약의 올바른 사용법, 전기 안전 등을 배우게 되지요. 〈안전〉에 대한 내용은 가정에서도 꾸준히 알려줘야 효과가 있어요.

TIP

1학년 교과서 미리 사볼 수 있나요?

국정교과서란 국가에서 직접적으로 교과서 저작에 관여해 그 내용 등을 결정하는 교과서로, 국가적 통일성이 필요한 교과목 위주로 개발합니다. 이는 한 과목에 대해 교육부 산하 위원회가 저술해 인정한 한 종류의 교과서로, 학교에서 별도로 선정할 필요 없이 주문할 수 있어요. 검정교과서란 것도 있습니다. 검정교과서는 민간이 교과서를 집필하되, 국가가 정한 검정 기준을 통과해야 교과서로 지위를 부여받기 때문에 국가가 교과서 저작에 간접적으로 관여하는 방식이지요.

1학년은 국정교과서인데, 국어 교과서는 미래엔, 수학 교과서는 천재교육, 통합교과서는 지학사에서 구입 가능해요. 교과서를 살 땐 반드시 출판연도를 확인해야 합니다.

2장

돌봄교실, 방과 후 학교와 늘봄학교

〈돌봄교실〉

돌봄교실이란 학교의 정규수업이 끝난 뒤에 학교 내에 마련된 교실에서 교육청 또는 학교에서 채용한 돌봄 전담 교사가 방과 후부터 아이를 돌봐 주는 제도를 말해요. 저소득층과 맞벌이 가정 혹은 한 부모 가정의 자녀를 위한 시스템이지요. 돌봄교실은 학생들이 안전하게 생활할 수 있도록 정규수업 이후부터 하교 전까지 돌봄 서비스를 제공하게 됩니다. 희망자가 배정 학생 수보다 많은 경우에는 추첨하기도 하는데, 방학 중이나, 개교기념일, 학교에서 정한 자율휴업일에도 사전희망 조사를 통해 돌봄교실 참여를 선택할 수 있어요.

〈방과 후 학교〉

방과 후 학교란 정규수업이 끝난 후에 학생과 학부모의 요구와 선택을 반영해서 수익자부담으로 이루어지는 교육활동입니다. 학교 수업이 끝나고 바깥에 나가지 않고 이동 부담이 없이, 학교에서 다양한 프로그램을 저렴하게 배울 수 있어요. 바둑, 미술, 악기, 운동, 공예, 컴퓨터, 서예, 과학, 드론 등 희망 인원과 강사 수요가 맞으면 개설할 수 있어요. 인원이 충족되지 않으면 프로그램이 폐강될 수 있습니다. 학생이 속한 가구의 소득수준에 따라 교육비 지원도 받을 수 있어요. 방과 후 학교 공개수업을 분기별로 하니 아이가 수업받는 모습도 볼 수 있고. 아이의 취미와 적성을 파악해서 참여하면 좋을 것 같아요. 1학년 1학기부터 참여해도 좋을지 먼저 아이의 의견을 고려해서 결정하세요.

보통 1년에 4분기로 나누어 실시되는데, 그때마다 신청서를 받게 됩니다. 인기가 많은 강좌는 일찍 마감되는데, 학교에서 온라인으로 신청받는 학교도 있어요. 가장 인기가 많은 강좌는 영어입니다. 공개수업 때도 가장 많은 학부모가 참여하는 모습을 보면, 영어에 대한 관심도가 높다는 증거겠지요. 수강료는 학교에 제출한 은행 계좌에서 빠져나가니 잔액을 수시로 확인하시기 바랍니다.

〈늘봄학교〉

요즘은 '늘봄학교'라는 게 생겨서, 앞으로는 신청한 학생은 다 받아준다고 하네요. 늘봄학교는 정규수업 외에 학교와 지역사회의 다양한 교육자원을 연계하여 학생 성장 및 발달을 위해 제공하는 종합 교육 프로그램입니다. **기존의 초등학교 방과후 학교와 돌봄을 통합하여 개**

선한 단일 체제로 앞으로는 늘봄학교 하나로만 운영하게 된다고 합니다. 늘봄학교는 필요할 때 이용 가능한 '탄력적 돌봄'으로 아침·틈새·일시 등 돌봄 유형을 다양화하고 저녁 돌봄은 오후 8시까지 단계적으로 확대해 나간다고 하니 학부모 입장에서는 기대가 크겠어요.

초등학교 1학년 학생에게는 학교생활 적응을 돕기 위해 예체능, 심리, 정서 프로그램 등 놀이 활동 중심의 2시간 프로그램을 무료로 제공한다고 합니다. 2026년까지 모든 학년으로 확대된다고 합니다. 초등학생 자녀를 둔 가정이 겪고 있는 돌봄의 어려움과 사교육비 부담 등을 해소하자는 취지인데, 지역, 학교별 여건이 모두 달라 쉽지 않은 과제이긴 해요.

TIP

스쿨뱅킹이 뭐예요?

스쿨뱅킹은 각종 납부금, 즉 급식비, 현장 학습비(교통비, 입장료, 프로그램 비 등), 방과후 학교 활동비(교육비, 교재비), 돌봄교실 급·간식비 등이 학부모의 예금계좌에서 학교의 수납계좌로 정해진 날짜에 자동이체 처리되도록 만든 시스템입니다. 스쿨뱅킹은 학교가 지정한 금융기관과 연계하여 이루어지며, 학부모들은 스쿨뱅킹 자동 납부 신청서를 작성하여 이용할 수 있어요. 2019년부터 모든 은행 계좌로 등록이 가능하고, 신용카드로도 납부가 가능한 제도에요. 혹시 전학을 가게 되면, 학교마다 정해진 수강료 환불 규정에 따라 환불을 해주는데, 교재교구비는 제외돼요. 현장 체험 학습비도 당일 사정이 생겨 갑자기 참가하지 못하면 교통비와 숙박비를 제외한 부분을 환불해 줍니다. 예전에는 학교에 현금을 가져갈 경우가 많아 분실 사건도 많았지요. 도난 사건으로 간주해서 서로 의심하는 일도 많았는데, 이런 제도는 참 편리하네요.

3장

요즘 평가 이렇게 달라졌어요

얼마 전 텔레비전에서 할아버지가 손주의 춤추는 모습을 보고 야단치는 방송을 보게 되었어요.

"야! 이 녀석아, 하라는 공부는 하지 않고 종일 무슨 춤만 추는 거야?"

다들 동의하시나요? 요즘은 책상에 앉아서만 하는 공부뿐 아니라 춤도 공부가 될 수 있어요. 창의적으로 춤을 춘다면 그것 또한 공부이고, 칭찬하고 장려할 일이지요. 체육 교육과정의 목표에 '표현능력과 창조적 움직임 능력을 발달시킨다.'란 항목이 있거든요.

학교 평가도 예전처럼 중간고사, 기말고사 등의 일제고사가 아니라 학급별로 한 단원, 혹은 두 단원이 끝난 후에 자율적으로 시기를 정해서 평가해요. 그래서 반별로 평가의 횟수, 시기가 다 달라요. 언제쯤 평가를 하는지는 학년 초 평가계획 안내, 혹은 주간학습 안내를 통해 확인할 수 있어요. 초등학교에서 시행하고 있는 평가의 종류를 알아볼까요?

◇ 학급별 평가

개정된 초등 교육과정에서는 평가 방법, 시기, 문항 등을 담임교사가 학급별로 계획, 운영하도록 변경되었어요. 교과서의 내용을 바탕으로 한 학급별 특색 활동에 관한 평가가 학급별로 이루어집니다.

◇ 과정 중심 평가

과정 중심 평가는 단편적인 지식암기와 결과 중심의 줄 세우기식 평가가 아니라 수업 속에서 다양한 해결 방법을 찾아보고 삶과 연결된 의미 있는 배움이 일어나 학생의 성장과 발달을 돕는 평가입니다. 평가계획은 매 학기 초, 학교 홈페이지 또는 가정통신문으로 안내되지요. 평가 방법도 지필 고사만이 아닌 포트폴리오, 관찰법, 자기평가, 상호평가, 구술, 서술·논술형 평가, 실험·실습, 토론, 선택형 평가 등 다양한 방법으로 시행됩니다. 평소 수업 시간에 적극적으로 참여하고 바른 수업 태도를 보인 친구들이 좋은 결과를 받을 수 있어요. 또 정답도 여러 개이거나, 정답이 정해져 있지 않은 경우가 많으니 옛날 학부모님 치루던 방식대로 결과에 연연하지 않았으면 해요.

◇ 상시 평가

중간고사, 기말고사 등의 일제고사가 아니라 학급별로 한 단원, 혹은 두 단원이 끝난 후에 자율적으로 시기를 정하여 평가하는 방식입니다. 과목별, 단원별로 수시로 평가가 이어지다 보니 시험 기간이라는 의미가 사라져가고 시험을 앞두고 벼락치기, 총정리를 하기보다는 수업 시간에 배운 내용을 얼마나 잘 이해하고 있는지가 핵심이지요.

◇ 단원 평가

단원이 끝났을 때, 그 단원을 잘 이해했는지를 알아보는 평가입니다. 시험 전날 문제집을 풀면서 벼락치기로 공부하는 습관은 좋지 않아요. 매일 같은 패턴으로 시험과 상관없이 학습하면 좋겠습니다. 시험 결과로

"너희 반에서 백 점이 몇 명이니?"

"○○이는 몇 점 받았어?"

라고 묻기보다는 가지고 온 평가지에서 부족한 부분이 무엇인지, 이 과정을 잘 해결했다면 그것에 대해 칭찬해 주는 게 바람직해요. 틀린 것이 있다면, 다음번에는 잘 풀기 위해 제대로 풀어보고 그것을 설명하는 시간이 필요하지요. 백 점을 받았다고 돈이나 물건으로 보상하거나 점수가 나쁘다고 낙담할 필요가 없어요. 혹시 점수가 나빠 위축되고, 자신감이 없어졌다면 다음에는 수업 시간에 놓치는 부분이 없도록 잘할 수 있다는 격려를 해 주세요. 실력 판단에 대한 변별력이 있는 결정적인 평가가 아니기 때문이지요.

◇ 수행평가·관찰평가

실제 수업 시간에 수행하고 관찰한 일상적 태도를 보고 교사가 하는 평가입니다. 아이들은 시험을 본 줄 모르는데, 평가가 이루어질 수 있어요. 평소 수업에 얼마나 적극적으로 참여하는가가 핵심이고 정해진 수행평가 기준이 있어요. 예를 들면 리코더 불기, 줄넘기, 창작발표, 사회시간에 고장의 모습 발표하기 등입니다.

◇ 서술형 평가

글쓰기를 싫어하는 아이는 특히 싫어하는 평가에요. 과거 세대의 부모님도 단답형이나 사지선다형에 익숙하기에 지도하기가 어렵지요. 요즘 서술형 평가 비중이 점점 확대되고 있어요. 모든 시험이 서술형으로 진행될 수 있어요.

서술형 평가 준비로는 첫째 문제 파악 훈련이 되어야 합니다. 대부분 문제가 길고 복잡하고 많은 것을 요구해요. 글을 읽고 무슨 뜻인지 파악이 어려울 수 있어요. 독서 능력이 뛰어날 경우, 문제의 파악을 비교적 잘할 수 있어요. 책으로 '어휘력'을 많이 익혀야 해요. 기본 개념부터 확실히 자신의 말로 표현할 수 있게 연습도 하고. 문제를 끝까지 읽고 답을 쓰는 훈련, 문제를 소리 내어 읽고 그 내용을 글로 쓰는 연습을 하면 좋아요.

평가의 종류를 나열했지만, 사실 복잡한 게 아닙니다. 일제고사가 없어졌고 단원이 끝나면 평가를 학급별로 치르고, 평소의 수업 태도를 평가하는 정도라고 생각하면 돼요. 어떻게 평가받았는지 부모가 묻는 게 아이에게 부담될 수 있어요. 매사에 성실하고 진지하게 수업 과정에 참여하면 됩니다. 모둠에 묻어가려고 하고 조 활동에 의지가 없는 아이가 간혹 보여요. 아무리 작품의 수준이 좋아도 발표를 잘하지 않거나 모둠학습의 진행을 방해하면 점수가 낮을 수 있어요.

항상 담임교사의 권위를 인정하고 존경하는 마음을 가져야 한다고 강조하세요. 최근 들어 저학년 사이에서도 담임선생님의 말씀을 가볍게 여기고 마음으로 무시하거나 불만이 있는 친구들이 많아지고 있어요. 공부를 가르쳐 주시는 담임선생님을 존경하지 않는 상태에서 듣게 되는 수업은 만족할 만한 집중력과 효율을 가져오기 어렵답니다.

아이가 평가를 잘 받지 못하면 어떤 일이 벌어질까요? 먼저 자신감이 떨어지게 됩니다. 친구들 사이에서도 성적으로 평가되므로 낙인효과가 생길 수 있어요. 스스로 위축되지 않도록 하기 위해서는 좋은 성적을 얻어야 하겠지요.

단원 평가 성적이 뛰어나고, 선행학습이 되어있거나, 또래보다 수준이 높은 편인 친구들은 수업에의 집중도가 떨어지기도 해요.

'다 아는 내용인데 뭐.'

라고 우습게 생각하고 수업 시간에 다른 짓을 하거나 오히려 수업을 방해하기도 하지요. 이런 친구들이 수행평가에서는 낮은 결과가 나올 수 있어요.

◇ **평가 통지 방식**

평가 통지 양식은 학교마다 다르지만, 담임교사는 아이의 학습 성취에 관해 부모님께 최대한 자세하게 전달하기 위해 아이의 평소 수업 참여도, 수행 결과, 지필 평가 결과 등을 종합하여 통지표를 작성합니다. 평가 결과는 일반적으로 '매우 잘함-잘함-보통-노력 요함'의 4단계, 혹은 '잘함-보통-노력 요함'의 3단계로 구분되고 종합적인 수행 정도에 관한 담임의 의견을 넣은 '학기 말 종합의견'이 담긴 성적 통지표를 학기마다 받아요. 2022 교육과정의 핵심에 따른 평가 방식의 변화로는 학생이 능동적으로 깊이 있게 학습해 공부의 즐거움을 경험하도록 유도하는 것이에요.

TIP

생활통지표가 궁금해요?

예전에는 방학을 맞이하는 즐거움도 컸지만, 과목마다 '수 우 미 양 가'로 표시
된 통지표를 받을 생각에 항상 긴장하곤 했지요. 지금 1학년 1학기에는 교과
목을 평가하지 않는 학교가 많아요. 통지 방식은 국어, 수학, 바른생활, 즐거운
생활에 성취 수준을 동그라미로 표시하거나 상중하로 평가하기도 하지요. 대
부분의 학교가 교과 평가, 출결사항, 행동 특성과 종합의견은 학년말, 즉 2학
기에 통지해요. 옛날 받았던 적나라한 통지표와 다르게 두루뭉술 칭찬 일색의
표현이라, 아이도 학부모도 마음 상하는 부분이 없어요. 그래서 부족한 부분
이라던가, 과목별 정확한 수준을 파악하긴 힘든 면이 있어요.

4장

수학적 사고력 기르기

　제 동생은 초등 1학년 때 덧셈, 뺄셈을 먹는 음식으로 문제를 내면, 귀신같이 알아맞혔어요. 희한하게 연필이나 공책으로 문제를 내면 알아맞히지 못하지만, 빵이나 사탕으로 바꾸어 풀면 정확하게 맞추었어요. 지금 우리 아이들은 일상생활 속 수학 이야기로 문제를 풀면 더 쉽게 이해하더라고요. 예를 들면 아파트 동 수 세어 보기라던가, 계단을 두 칸씩 올라가면서 세어 보는 게임, 과자를 네 묶음으로 나누어 보는 활동이지요. 아이들은 주사위 놀이를 정말 좋아해요. 게임을 통해 수를 자연스럽게 익힐 수 있고 몇 칸씩을 더하기도 하고 뺄 수 있어요.

　시계 보는 방법을 가르치느라 응용문제를 열심히 내는 나에게 옆반 선생님이

　"박 선생님! 너무 시간 가르치느라 열 내지 마세요. 데이트할 때 되면 다 알아서 정확한 시간에 가게 됩니다."

라고 말씀하시던 생각이 나네요. 요즘은 디지털시계가 나와서 숫자만 나오니 시계 보는 연습할 기회가 점점 줄어들어요. 아이들이 아날로그 시계를 접할 일이 없으니 거실에서 아날로그 시계를 걸어두고, 장난감처럼 게임도 하고, 자꾸 연습할 기회를 만들면 어떨까요? 숙제를

시키면서 시간 개념을 가르치면 효과적입니다. 숙제 시작할 시간으로 3시를 정했다면 3시 10분 전에

"3시부터 시작할 거야."

라고 미리 이야기하는 거지요. 숙제하는데 10분 정도 걸렸다면 5분 쉬고 다음 숙제를 하도록 약속하면서 시간 개념을 알려주는 겁니다. 과제에 초점을 두기보다는 시간 개념을 가르친다는 생각으로 한번 시도해 보세요.

수학 학습은 지루하고 어렵게 느껴질 수 있어요. 게임이나 놀이를 활용하면 아이들이 재미있게 참여하면서 자연스럽게 사고력을 키울 수 있습니다. 보드게임, 퍼즐, 수학 관련 앱 등을 활용하여 흥미로운 방식으로 접근하면 쉬울 겁니다. 단 컴퓨터 수학 게임은 사전에 사용 시간에 대한 규칙을 미리 정해 놓도록 해요. 너무 오래 하면 시력에도 좋지 않고 어휘 실력과 의사결정 능력이 떨어진다고 합니다.

아이가 어렵고 낯선 문제를 대할 때, 격려와 응원을 해주고 스스로 해결할 수 있도록 도와주세요. 직접적으로 문제를 대신해서 풀어주면 자신을 불신하고 자신의 능력에 대해서 낮게 평가하게 됩니다. 실수하거나 문제를 틀리더라도, 아이를 나무라지 마시고요. 주변에 학부모들은 유난히 수학 문제 풀 때, 아이에게 부정적인 말을 많이 하더라고요.

요즘 학습지를 매일 풀게 하는 학부모가 많아요. 아이들은 피곤한 날과 그렇지 않은 날 아이의 집중력이 다릅니다. 좀 덜 피곤한 날 어려운 걸 시키고, 피곤한 날엔 쉬운 걸 시키는 식의 조절이 필요해요.

칭찬은 다음 학습할 문제에 도전할 의지를 강하게 불어 넣는 요인입니다. 많은 문제를 푸는 것도 중요하지만, 사고력 발달을 위해서 폭넓은 독서를 하는 게 필요해요. 많은 아이가 수학 문제 자체를 이해하지 못해서 문제 풀이에 어려움을 겪는 것을 보았어요. 독서를 많이 하게 되면 문제를 이해하고 추리하는 능력이 향상되고 여러 주제에 대한 사고력을 높일 수 있습니다.

선행학습보다는 아이의 발달 단계에 맞추어 개념과 원리를 충분히 이해하는 게 중요해요. 요즘 일부 초등학교 아이가 중, 고등학교 수학 문제를 푸는 학원에 다닌다는 이야기를 들었어요. 그렇게 선행학습한 아이의 경우, 수업에 집중하지 못하고 과도한 자신감과 오만감으로 정작 공부를 충실하게 하지 못하는 결과를 보이더라고요. **선행학습으로 학습을 강요당하면, 남이 시키지 않으면 공부를 하지 않는 아이가 된다는 사실을 명심해야 합니다.**

TIP

아이가 손가락셈으로 수학 문제를 풀 때

아이가 수학 문제를 풀 때마다 손가락셈을 한다면 습관이 될까 걱정스러울 겁니다. 10이 넘어가는 수는 손가락이 없어서 셈을 못 하게 되니 걱정하는 게 당연하지요. 손가락셈을 하는 아이들은 만 5세~7세입니다. 이때는 직접적인 경험을 통해 배우는 시기이기 때문에 손가락셈은 발달 단계에 따는 당연한 단계지요. 손가락 셈하는 것을, 막지는 말고, 바둑알이나 구슬 모형으로 숫자 세기 경험을 확장해 주는 것이 좋습니다. 아이는 점차 인지발달이 일어나면서 수에 익숙해질 거고, 손가락셈은 저절로 하지 않게 될 겁니다.

TIP

문제를 제대로 읽지 않아 걱정인 아이

예전에 저는 시험 볼 때마다 문제를 제대로 읽지 않아서, 틀린 적이 많았어요. 성질이 급해서 비슷한 문제가 나오면 기계적으로 풀고 시험지를 제일 먼저 내고 나와 버렸어요. 빠르게 문제를 푸는 것이, 그 과목을 잘하는 것이란 생각이 잠재의식에 남아 있나 봐요. 문제를 끝까지 잘 읽고 단위가 제시된 답은 반드시 확인하도록 지도해 주세요. 초등학생 때는 문제집 푸느라 독서 시간이 부족하다면 우선순위를 독서 시간에 두는 게 더 좋아요.

5장

다양한 체험학습

초등학교 3학년 체험학습 날이었어요. 체험학습 장소로 가기 위해, 버스가 대기하고 있는데, 한 학생이 나타나지 않았어요. 담임교사가 아이 휴대전화로 전화해도 받질 않았습니다. 바로 학교 근처에 산다기에, 교무부장과 함께 집을 찾아갔어요. 다행히 아이가 집에 있어서 반가운 마음에 함께 가자고 하니, 울면서 한사코 학교에 가질 않았어요. 기다리고 있을 담임교사에게 먼저 출발하시라고 하고, 설득해서 중간지점으로 보내려고 했지요. 아이의 배낭을 보니 홀쭉한 게, 간식과 도시락을 준비하지 않은 듯 보였어요. 어머니는 일 나가느라 바쁘고, 할머니는 도시락을 준비해 주지 않아서 아이는 가고 싶지 않았던 겁니다. 아이의 마음을 이해할 것 같았어요. 다음엔 꼭 참가하자고 약속하고 학교로 돌아왔어요. 가정의 경제적 사정이나 무관심이 아이의 체험학습 기회를 앗아갈 수 있겠다는 생각에 가슴 아팠습니다.

체험학습은 교실 밖에서 체험을 중심으로 이루어지는 학습입니다. 이론보다 실제 현장에서의 체험 과정을 통해 학습이 이루어집니다. 체험학습은 학교에서 이루어지는 것도 있고 부모님과 함께하는 활동이 있어요.

1. 학교 체험학습: 친구들과 학교 밖에서 하는 체험학습은 봄, 가을 체험학습, 수학여행, 진로 체험, 문화 체험 등이고, 학교로 찾아오는 체험학습은 진로 교육 프로그램으로 다양한 직업인을 만나는 활동, 뮤지컬 체험학습, 금융교육, 판소리 수업 등이 있어요.

2. 가정 체험학습: 가정에서 일정한 주제를 정해 함께하는 체험학습은 고궁, 박물관, 할아버지 댁 방문, 시장 탐방 등이 있습니다. 학부모가 사전에 학교에 신청해야 합니다. 학교 홈페이지의 양식에 탑재된 계획서와 보고서를 이용하면 됩니다. 계획서를 일주일 전에 신청하고 학교장 승인을 받으면 사후에 보고서를 제출해야 체험학습으로 인정됩니다. 보고서를 작성하지 않으면 무단결석이 되니 주의해야 해요. 교외 체험학습 허용 기간은 지역별로 다르니, 3월 초에 허용하는 기간을 알아두어야 합니다.

3. 교류 체험학습: 도시아이가 농촌에서, 농촌 아이가 도시에서 공부하는 경우를 말해요. 중고등학교에서는 외국의 학교와 교류 체험학습을 하기도 합니다. 교무부장 시절, 서울에 있는 우리 학교 아이를 데리고 강릉의 초등학교 아이들 집에 머물며, 모내기도 하고, 강원도 지역을 여행했지요. 마찬가지로 강릉의 아이들이 서울의 학교를 둘러보고, 서울 아이의 집에 머물기도 하며 도시 생활을 체험하였어요.

4. 위탁교육: 할머니나 친척 집에서 가장 가까운 학교에 교류 체험학습을 신청할 수 있어요. 학부모가 사전에 신청서를 제출하면 연간 1개월 이내의 기간에서 희망하는 학교의 학교장에게 위탁교

육을 의뢰하여 허락을 받으면 이루어질 수 있습니다. 외국 학교 수학 중 방학을 맞이하여 우리나라에 위탁교육을 원하면 학교장 승인하에 우리나라 학교에서 1개월 이내에 공부할 수 있어요.

〈외국 사례〉

캐나다로 국외 출장을 가서 한 달 동안 아이들의 수업 장면을 보게 되었어요. 4, 5, 6학년은 체험학습을 앞두고 프로젝트 수업을 그 주 내내 하고 있었어요. 6학년은 3박 4일간 수학여행을 가기로 했지요. 그 지역의 역사, 그곳에서 하고 싶은 일 등을 자유롭게 글로 쓰고 발표하는 수업을 참관했어요. 수학여행은 그 학년 선생님들이 모든 일정을 함께 하지 않았어요. 하루에 세 명의 교사가 순번을 정해 하룻밤만 아이들과 숙박을 함께 했어요. 그런데 수학여행이나 체험학습 날에는 교육청에서 노란 버스를 학교에 보내주었어요. 참 부러운 모습이었지요. 우리나라는 체험학습이나 수학여행을 가는 학년은 그 학년 책임하에 버스 계약, 숙소 계약, 프로그램을 진행하는 업체 선정 업무를 하는데, 업무 부담이 매우 큽니다.

〈체험학습 시 주의할 점〉

1. 아이가 평소에 멀미한다면 멀미약을 부착하거나 복용해야 해요.
2. 전날 건강을 잘 챙기고, 아침에 배탈이 나지 않도록 해야 해요. 만약 배탈이 나면 담임교사에게 알리고 일어날 여러 상황에 대비해야 합니다.
3. 귀중품이나 휴대전화를 가져오지 않는 게 좋습니다. 많은 용돈을 가져오는 것은 학교 폭력을 불러올 수 있어요.
4. 차에서 안전띠를 착용해야 합니다. 차 안에서 돌아다니는 건 위험한 일이에요.
5. 수학여행의 경우 학교에서 준 안전 점검표와 준비물을 참고합니다.
6. 차량을 이용하는 만큼 등교 시간에 맞추어 정해진 시간에 가야 해요.

〈가정 체험학습 신청서와 보고서 작성〉

1. 신청서에는 가게 될 장소와 목적을 적습니다.
2. 일주일 전에 반드시 신청합니다.
3. 경험한 일, 관찰한 일, 탐구한 일, 생각이나 각오 등을 육하원칙으로 씁니다.
4. 체험학습 끝나고 등교하는 날 보고서를 제출합니다.

5. 행정 처리를 인정받는 서류일 뿐이라, 너무 잘 쓰려고 할 필요가 없어요.

6. 해외여행의 경우, 다른 친구와의 위화감, 등으로 외국 다녀온 것을 너무 티 내지 않도록 합니다.

7. 다녀와 피곤할 수 있으니 여행지에서 간단하게 메모한 것을 내도 무방합니다.

TIP

체험학습 때 용돈 챙겨줘야 할까?

당일 체험학습 때에는 간식을 사 먹거나 용돈을 쓸 시간이 부족해요. 촘촘하게 프로그램이 구성되어 있어서 간식을 사려거나 용돈을 쓰려고 하다가 일행에서 이탈할 수 있으니 오히려 사고를 부추길 수 있어요. 아이가 원한다면 소액만 챙겨 주고, 간식은 집에서 준비해 주는 게 좋아요. 많은 용돈은 학교 폭력의 빌미가 되거나, 분실의 우려가 있으니 위험해요. 고가의 물건이나 스마트폰도 그렇고요. 언젠가 수영 체험학습 때 고가의 물안경을 잃어버려서 아이가 안타까워하는 걸 봤어요. 귀중품을 찾으려고 하는 행위가 또 다른 사고의 위험을 불러올 수 있습니다.

〈가정 체험학습은 어떤 곳으로 가면 좋을까?〉

같은 학교에 근무했던 선배 선생님은 방학 때가 되면, 자녀의 해당 학년 교육과정에 나오는 장소로 가족 여행을 가셨어요. 통일신라에 대해서 배운다면 경주를 찾아가는 식이지요. 저도 아이에게 예습 삼아 다닐 곳을 검색해서 주말이나 방학을 이용해서 다녀오곤 했어요. 체험학습이나 여행 다녀오는 곳이, 2학기 예습과도 병행된다면 좋겠지요. 딸이 5학년 때 방학을 이용해서 뉴질랜드와 호주를 다녀왔는데, 중학교에 진학해서 그곳에 대해 배울 때 더 흥미를 갖고 참여하더군요.

현행 초등학교 각 교과의 학습 목표는 주로 경험 중심과 문제 해결 중심으로 이루어져 있습니다. 특히 일상생활과 관련이 깊은 사회와 과학에서 다루는 상당 부분의 교과 내용이 아이들이 직접 조사 활동을 하거나 실험 혹은 견학 활동으로 제시되고 있어요. 아이들이 **사회과나 과학과를 어려워하는 이유가 바로 이 때문입니다. 상대적으로 시간 여유가 있는 방학이나 부모님의 휴가를 잘 활용하여 교과서의 빈틈을 메워 준다면 아이는 수업에 좀 더 적극적으로 참여할 수 있을 겁니다.** 아이에게 꼭 필요한 체험활동이 무엇인지에 대한 사전 조사가 없다면 무의미한 활동이 될 수 있어요. 단순한 놀이기구 체험에서 벗어나, 특정 프로그램에 참여해 보는 것이, 아이의 학습에 도움이 됩니다.

효과적인 체험학습이란 단순히 견학하거나 활동에 참여하는 것에서 벗어나, 단계별로 아이들에게 필요한 '경험 요소'를 콕 집어 주는 것이지요. 다음은 가정 체험학습 전과 후의 주의점입니다.

1. 교과서를 살펴보고 체험학습을 떠날 것

활동 후에 얻을 수 있는 뚜렷한 목표가 있어야 합니다. 체험학습 장소를 선정하기 전에 교과서를 꼼꼼히 살펴보면, 어떤 활동이 목표에 적합할지 쉽게 답이 나오죠. 사진으로 찍고 보고서까지 작성해 본다면 아이의 수준에 가장 적합하고 효과적인 체험학습이 됩니다.

2. 박물관과 미술관, 고궁 관람 방법 '도슨트'나 전문가의 안내를 받을 것

효과적인 체험학습을 위해서는 아이의 눈을 떠 주고 생각 주머니를 열 수 있는 대화와 설명이 필요해요. 박물관과 미술관은 '도슨트'라고 부르고 고궁에서는 '궁궐 지킴이'라 불리는 안내 전문가에게 아이의 체험학습을 맡기는 겁니다. 동양과 서양의 역사 공부는 물론 다양한 일화도 들을 수 있어서 무작정 관람만 하는 것보다는 훨씬 효과적이에요. 만약 여건상 안내받기가 힘들다면 '음성 안내기'를 대여하여 아이에게 작동법을 알려준 후 관람해 보는 것도 좋은 방법입니다. 안내가 끝나면 나가지 말고 다시 입구의 작품부터 하나씩 관람하도록 해서 아이의 언어로 다시 정리하는 시간을 만들어 보세요.

3. 방문 전 홈페이지를 샅샅이 살필 것

체험학습 장소가 관련 사이트가 있는 경우라면 아이와 함께 홈페이지를 꼼꼼히 살펴서 사전 준비를 하세요. 체험학습 장소 선정부터 아이를 참여시키고, 그곳에 가면 좋은 점이 무엇인지, 학교에서 배우거나 배울 내용에 도움이 되는지, 무엇을 보러 가는지, 가서 어떤 프로그램에 참여할 것인지, 언제 누구와 갈 것인지 등 아이와 체험학습에 대한 많은 의견을 나눈 후 준비하는 것이 아이의 동기 유발에 도움이 돼요. 홈페이지에 안내 책자, 학습지가 있다면 미리 출력해서 가져가는 게 좋습니다. 장소를 둘러보며, 길을 잃었을 경우 만남의 장소를 미리 지정해 두는 것 잊지 마세요.

4. 결과물을 모아 활용할 것

안내 책자, 입장권, 톨게이트 영수증, 유적지 사진 자료, 프로그램 활동 모습 사진, 활동 중 음식물 구매 영수증, 식물 표본 등의 체험학습과 관련된 자료를 버리지 말고 모두 모아 두세요. 날짜와 장소를 쓴 지퍼백에 담으며 다니면 좋습니다. 이 결과물은 체험학습 후 아이의 활동 내용을 정리하기 편하고 체험학습 보고서를 작성할 때 미처 떠올리지 못한 내용을 찾아줄 거예요.

되도록 많은 경험과 많은 장소를 여행하는 것도 좋지만 아이에게 유용한 체험학습 중 하나가 교과서와 연계한 경험을 습득하는 겁니다. 한 번 다녀온 곳, 사전 경험이 수업 활동에 많은 흥미와 집중을 가져다주는 건 분명합니다. 학교를 의미하는 영어 'school'의 어원은 그리스어인 'schole'라고 해요. 그 'schole'의 단어 뜻은 '삶을 즐긴다.'라는 의미지요. 학교는 아이들의 숨은 재능을 찾아 아이가 평생 행복하고, 삶을 즐길 수 있도록 개성과 적성을 발굴해야 해요. 너무 지식 전달 위주의 교육에만 치중하지 않고 아이와 함께 보내는 시간의 즐거움을 맘껏 느껴보세요.

TIP

체험학습에 참여하지 못할 경우

1. 등교가 가능하면 학교에서 수업을 들을 수 있어요. 교무실이나 도서실, 혹은 빈 교실에서 다른 선생님이 지도해 주십니다.

2. 결석이나 교외 체험학습으로 집에서 학습하거나 쉴 수 있습니다. 간혹 생존 수영 체험학습에 물을 무서워하거나 수영복 입는 것이, 부끄럽다고 참여를 원치 않는 경우가 있어요. 이럴 땐 수영장에 함께 가서 이론교육은 같이 받고 친구들 수업을 참관할 수 있습니다.

6장

아이의 왕따 문제 어쩌죠?

〈따돌림을 당해요〉

　H가 학교에서 따돌림을 당하고 있다는 사실을 알고 얼마나 마음이 아프셨어요? 투명 인간 취급당한다는 말을 듣고 밤잠도 제대로 주무시지 못하셨을 겁니다. 여학생들은 H가 당한 것처럼 전혀 말을 걸지 않고 상대를 쳐다보지 않는 수동적인 방법으로 따돌리는 경향이 많지요. 남의 이야기로만 생각했다가 그 사실을 알고 많이 속상하셨을 겁니다. 요즘 아이가 달라진 모습에 많이 걱정하셨지요? 아이의 말수가 적고, 공격적으로 갑자기 변하기도 했다가, 짜증을 내고 불안해하기도 했을 겁니다. 학교에 가지 않으려 해서 알게 되셨다니 그래도 늦게나마 불행 중 다행입니다.

　딸이 초등학교 5학년 때, 여자아이들이 돌려가며 특정인을 따돌린다는 사실을 알게 되었습니다. 학교에 가지 않으려는 딸을 보며, 바로 그때가 딸이 따돌림을 당할 차례라는 것을 알게 되었어요. 어머님처럼 저도 마음이 찢어질 듯 아팠습니다. 차라리 제가 그런 일을 당했으면 했답니다. 당장 아이의 학교에 가서 그 아이들을 만나고 싶었지만 참았습니다. 하루 정도 집에서 마음 편히 쉬게 했었지요. 아이가 강한 마음으로 그 일을 극복하길 속으로 간절히 빌었습니다. 대수롭지 않게 넘어가는 모습을 보고 크게 한숨 돌린 일이 기억나네요. 그래도 마음 깊숙한 곳의 상처가 있을지도 모를 일입니다.

위의 편지는 왕따를 당해서 힘들다고 한 학부모님께 제가 보낸 편지의 일부입니다. 경험에 의하면 대략 반에서 10% 정도의 아이들이 또래 관계를 힘들어해요. 종일 친구들과 말 한마디 하지 않고 지내는 아이도 있어요. H처럼 학교 가기 싫다고 말하는 일부 아이들의 이야기는 주로 또래 관계에서 오는 갈등이 원인인 경우가 많아요. 시기 질투가 많은 아이가 패를 갈라서 경쟁하거나 싸우는 경우도 많지요. 특히 고학년은 담임선생님이 보이지 않는 곳에서, 왕따를 시키기도 해요. 요즘은 그런 추세가 다양해지고 확대되고 있어요. 학교 폭력 실태 조사로 큰 불길은 잡혀가는 듯 보이지만, 방법이 견고해지고 치밀해집니다. 이런 현상은 대인관계 능력이 약해진 게 원인입니다. 세 명 이상 정도의 관계로 그 집단 안에서 힘의 균형이 이루어져야 하는데, 그중 한 명이나 두 명의 희생자를 만들어내고 집단을 유지하게 되지요. 요즘은 경계선에서 줄타기하면서 따돌리는 경우가 많아요. 예를 들면 놀이에 끼워줬다가 놀이가 끝나면 뒷정리를 하라고 한 아이에게 시켜요. 왜 함께 정리하지 않냐고 물으면 그래야 다음 놀이에 끼워준다고 하지요. 겉으로 보기에 함께 노는 모습이라서 선생님이 볼 때는 아무 문제가 없어 보입니다. 그런 소리 없는 왕따는 걸러내기가 어려워요. 존재 무시형 왕따는 피해 아이에게 치명적 영향을 미치게 됩니다. 옆에 가까이 있는 것을 허용하면서, 투명 인간처럼 대하고 자기끼리 놀면서 키득거리지요. 욕하거나 때린 것이 아니니, 야단칠 수도 없어요. 주로 그런 일들은 담임선생님이 보이지 않을 때 발생하곤 해요. 아이는 마음이 아파서 집에서도 우울합니다. 이때 부모님이 자초지종을 듣고

"네가 바보같이 가만히 있어서 그래, 다음부터 강하게 대해."

라고 말한다면 아이는 어떨까요? 내향적 아이는 가뜩이나 속상한데 더 마음에 상처를 입게 됩니다. 얼마나 속상했는지 공감해 주고, 어떻게 하면 도와줄 수 있는지 물어봐야 해요. 아이가 너무나 고통스러워한다면 담임선생님께 처한 상황을 말씀드리는 게 좋을지 의논해야겠지요. 문제가 있건 없건 가족은 늘 내 곁에 있고, 내 편이라는 강한 믿음을 심어주는 게 중요합니다.

"담임선생님은 이렇게 되도록 무엇을 한 거야?"

라고 아이 앞에서 절대로 담임선생님을 비난하지 마세요. 담임마저 신뢰하지 않게 되면 아이의 학교생활이 더 힘들어질 수 있어요. 담임선생님께 이 상황을 알리면 관심을 가지고 지켜볼 것이고 문제의 진척을 막을 수 있어요.

어떤 아이는 왕따를 빠르게 극복하기도 하고, 어떤 아이는 그 감정 상태에서 계속 머물러 있기도 합니다. 자신을 방어하는 아이는 외부의 시선을 끌어당기면서 자신이 부당한 취급을 받는다는 표현을 하기

도 하지요. 자주 감정을 표현할 기회를 줘 보세요. 자신의 감정이 슬픈지, 우울한 건지 솔직하게 이야기할 수 있어야 해요. 결정적인 순간에 감정을 표현하지 못하면 왕따의 전형적 대상이 될 수 있고. 또 다른 가해자가 될 수 있어요. 평소에 친구 관계가 원만한지를 살펴보세요. 친구 관계로 타인에게 너그럽게 베풀 수 있는 아이로 성장하도록 도와줘야 합니다.

아이들을 관찰하여 살펴보면 이 친구와 친하게 지냈다가, 서로 맞지 않으면 다른 친구와 친하게 지내는 등 스스로 관계를 조율해서 생활합니다. 부모가 '이래라저래라.' 친구 관계에 개입하면 욕구불만으로 오히려 반항하기도 해요. 반대 방향으로 나가는 경우가 많습니다.

아이가 크면서 사회생활의 반경도 넓어지고 점차 관계에서 오는 갈등을 겪게 됩니다. 그럴 때마다 가족이 개입하면 문제해결력을 키우기는커녕 점점 의존형 아이가 되어 가요. 가족이 직접 문제를 해결하려 하면 자칫 더 어려운 상황을 만들 수도 있습니다. 아이의 고통 정도가 심하면 선생님과 수시로 소통하면서 아이의 따돌림 문제를 비교적 쉽게 해결할 수 있어요. 필요할 때는 전문가의 도움도 받을 수 있고요. 주변인의 도움 요청이 없으면 피해가 커지고 심각해질 수 있어요. 제3자에게 도움을 청하는 것이 어려울 수 있습니다. 가해자로부터 보복을 당할지도 모른다는 두려움 때문입니다. 따돌림을 당하면 자존감이 많이 낮아집니다. 자신의 소중함을 깨닫게 해주고, 가족 모두는 항상 아이 편이라는 정서적 지지를 보내주어야 해요. 속상하겠지만, 하루 한 번 이상 칭찬과 격려를 해주세요. 칭찬과 격려로 아이의 자존감을 높여줘야 해요. 감정 표현 방법도 연습해야 합니다. 자신의 감정을 정확하게 표현할 수 있어야 친구와의 소통도 쉬워지지요. 좋아하는 친구에게는 먼저 다가가 호감을 표현할 줄 알아야 친구 관계도 넓어지는 겁니다. 요즘은 상담 기관이나 복지관에서 집단 상담을 통해 친구 사귀는 기술을 가르치는 곳이 많으니 이를 활용하는 것도 좋은 방법이지요.

따돌림을 당하는 아이와 따돌림을 시키는 아이는 공통점이 있다고 해요. 둘 다 자존감이 약하다고 합니다. 또 둘의 역할은 바뀌게 될 가능성이 높다고 해요. 따돌림은 인간의 본성인 듯 어디서든 일어날 수 있어요. **모두가 다름을 인정하고 사랑과 배려로 가득 찰 때 따돌림은 없어질 겁니다. 가해자, 피해자의 처벌 관점보다는 그 이전에 피해자였다는 입장에서 바라보는 시선이 필요해요.** 둘 다 상처를 입은 아이들입니다. **회복탄력성을 가지고 스스로 그 상황에서 벗어날 힘을 가질 수 있도록 공감해 줘야 해요.** 아이와 함께 있으려는 마음 자세, 공감해 주시는 마음 그 자체만으로도 훌륭하지요.

TIP

친구와 어울리지 못해요

아이가 다양한 친구들과 사이좋게 어울린다면 얼마나 좋을까요? 그러나 모든 친구와 다 잘 어울리기는 힘듭니다. 저마다 타고난 기질과 원하는 것이 다르기 때문이지요. 저학년에서는 아직 어리니 기질이 비슷한 친구끼리 놀게 도와주는 것도 좋지만 3학년 이후부터는 나와 다른 친구를 사귀는 기술을 배워나갈 필요가 있어요.

- 아이가 혼자 있을 때 무엇을 하는지 살펴보세요. 쉬는 시간에 혼자 책을 읽거나 무언가 자신의 세계에 빠져 있는 경우라면 크게 문제 될 것이 없어요. 아이는 아무 문제가 없는데, 부모가 걱정하면 '내가 뭘 잘못했나' 싶은 마음으로 친구 관계에서 오히려 주눅이 들 수 있어요. 혼자 있는 것을 좋아하는 아이일수록 인지발달이 빠르고 지능이 높은 경우가 많습니다. 독서, 블록쌓기, 퍼즐 맞추기, 그림 그리기 등의 취미에 빠져 있다면 당장은 주변에 친구가 없어도 고학년이 될수록 그런 능력으로 자연스럽게 친구들에게 인정받는 분위기가 형성됩니다. 책을 많이 읽어서 아는 게 많은 아이나 '퍼즐을 잘 맞추는 아이'로 알려지면 친구들이 다가와 궁금한 걸 물어보기도 하고 교과수업에서도 자연스럽게 선생님의 인정을 받게 되지요.

- 혼자보다는 다른 사람과 함께 있는 것을 더 좋아하는데 그러지 못하니 속상하다고 하는 경우, 방금 전까지 친구들과 잘 놀다가도 잠깐 혼자 떨어지면 친구가 없다고 불평하는 경우가 있어요. 아이 입장에서는 그 잠깐의 시간도 견디기 어렵고 속상하기 때문이지요. 담임선생님이나 주변의 친구들에게 물어봤을 때 아이가 잘 논다는 답변을 들었다면 아이의 정서에 집중하는 것이 좋습니다. 아이가 느끼는 감정을 수용해 주고 인정하고 받아주면 되는 겁니다. 부모가 아이의 감정에 일일이 반응하여 그것을 해결하려고 행동해 주다 보면 아이는 점점 더 자신의 감정이 맞다고 생각해서 친구와 놀 때도 불편하거나 싫은 감정을 여과 없이 표출하게 되는 겁니다. 친구들과 싸웠을 때 그 부모에게 전화 걸어 우리 아이 입장을 설명해 주고 아이 친구에게 맛있는 간

식을 사주면서 사이좋게 놀라고 말해주는 행동이 바로 그런 예입니다. 함께 놀 때 매번 짜증 내고 자기감정만 우선시하는 아이가 있다면 자연스럽게 그 친구와 멀어지게 되고 함께 놀자는 말이 안 나오게 되는 거지요. 이런 관계가 쌓인 채로 고학년이 되면 아이 주변에 친구가 남아 있지 않게 됩니다.

TIP

학교 가기 싫은 이유

아침에 교문 맞이를 하다 보면 1년 내내 학교 가기 싫다고 우는 아이를 보게 됩니다. 보호자가 복도까지 따라가서 교실로 억지로 떠밀어도 울음소리가 그치질 않습니다. 학교에 가기 싫다고 우는 아이는 그래도 표현을 하는 겁니다. 학교 가기 싫다는 말을 제대로 하지 못하고 끙끙 속앓이하는 일도 있어요. 아이가 학교에 가기 싫어한다면 그 근본 원인부터 살펴야 해요. 아이 나름대로 학교에 가기 싫어하는 이유가 있습니다. 아이와 충분한 대화를 나누면 아이 스스로 해답을 찾을 수도 있어요. 초등학교 입학 전부터 학교에 대한 부담으로 등교하기를 싫어하는 경우가 있는데, 대부분 분리불안 증세를 보이게 되는 경우이지요.

등교를 거부하는 이유는

첫째, 유치원이나 초등학교 입학으로 분리불안이 원인이 되는 경우가 많아요. 이 경우에는 엄마나 양육자로부터 장시간 떨어져 있는 것 자체에 대한 불안감 때문에 학교에 가지 않으려 하고, 학교에 갈 시간만 되면 특별한 이유 없이 여러 가지 신체 증상을 호소하게 되지요. 이럴 때는, 아이의 불안 정도를 점검해 가면서 단계적으로 해결해 나가는 것이 좋아요. 일정 기간 양육자가 아이를 직접 데리고 가서 수업 중에는 교실 밖에서 기다리고 있다가 수업이 끝나면 데리고 오도록 하고, 점차로 머무는 시간을 줄여 아이 혼자서 가도록 유도하는 방법이지요.

둘째, 지능이 떨어지거나 학습장애가 있는 경우에도 학교에 가기를 싫어할 수 있어요. 학교에 가도 선생님 말씀을 알아들을 수가 없고 노력을 해도 성적이 나쁘게 나오는 것이 반복되게 되면 학교생활에 흥미를 잃어버리게 되면서 학교에 가는 것을 싫어해요. 지능이 지나치게 떨어지는 경우, 아이의 능력에 맞는 교육기관을 찾는 것이, 도움이 될 수 있고 학습장애가 있는 경우에는 적절한 특수교육을 받는 것이 좋습니다.

셋째, 친구 관계로 인해 학교에 가기 싫어할 수 있습니다. 그럴 때는 먼저 담임 선생님을 만나세요. 선생님이 그럴만한 일이 없다고 말한다면, "아이가 여러 번 그런 얘기를 해서 제가 좀 걱정됩니다. 좀 지켜봐 주시겠어요?" 라고 부탁해 보세요. 시간이 지난 후 다시 한번 확인해 보고. 또래 관계의 문제나 학교 선생님과의 문제가 아니라면 집과 다른 환경에 적응하지 못하는 건 아닌지, 다른 아이들은 다 견디는 사소한 좌절을 못 견디는 건 아닌지 확인해 볼 필요가 있어요. 가정에서 언제나 자신이 원하는 대로 하면서 자란 아이가 또래 친구들과 생활하면 어떻게 될까요? 학교에 가기 싫다고 하거나, 아예 자기주장을 안 하는 것도 문제입니다. 사회성은 가정에서 배워야 합니다.

5부

내 아이 바르게
키우고 싶다

1장

언어습관 돌아보기

〈아이를 바꾸는 말 습관〉

영어 공개수업을 하는 날이었어요. 유독 한 아이의 얼굴이 어둡게 보였습니다. 다른 날은 발표도 곧잘 했는데, 그날은 손을 드는 일이 없었어요. 쉬는 시간에 조용히 다가가

"오늘은 ○○이가 기운이 없어 보이네. 선생님이 도와줄 일이 있을까?"

라고 하자

"아침에 학교 오기 전에 엄마에게 늦게 일어났다고 야단맞았어요."

풀이 죽은 모습으로 간신히 대답하더군요. 아이들과 수업하고 모둠활동을 계속 이어가자 아이 모습이 다시 원래로 돌아온 듯해서 다행이다 생각되었어요. 아이들은 아침에 야단을 맞으면 본래의 밝은 모습으로 바뀔 때까지 상당한 시간이 걸립니다. 저녁에 야단맞으면 시간적 여유가 있어서 서로 대화할 기회가 있지요. 아이가 잠들기 전에도 부모와 화해의 시간을 가질 수도 있어요. 그러나 아침에는 시간적 여유가 없습니다. 아이는 감정이 상한 말을 곱씹고 마음에 조각하듯 각인하고 있어요. 종일 표정이 좋지 않은 아이도 있어요. 부부

간에도 출근 시간에 언쟁하면 종일 기분이 언짢은데, 어린아이는 어떻겠어요?

아침마다 등교하는 아이와 눈인사를 하였습니다. 그럴 때 가끔 시선을 피하는 아이가 있어요. 어디가 아픈지 물으면 대부분 아침에 부모님께 자존심 상하는 말을 들은 경우입니다.

"남들은 다 하는데, 왜 너는 그 모양이야."

스치듯 지나가는 표현으로 혀를 끌끌 차거나, 한심하다는 듯 아이 앞에서 한숨을 푹푹 쉬는 경우, 아이는 무엇을 느끼게 될까요? 그런 제스처는 아이가 자신을 하찮은 사람으로 생각한다는 뜻으로 받아들이게 됩니다. 그런 표현은 아이의 자존감을 떨어뜨리는 행위입니다.

아이들은 부모님과 가족, 선생님 그리고 친구들이 자신을 인정해 주길 원해요. 아이와 마주치면 자상한 미소를 지어 보세요. 아이에게 큰 힘이 됩니다. 아이에게 평소에 말하는 톤으로 지금 당장 자신의 표정을 살펴보세요. 거울이나 스마트폰으로 자신의 표정을 자세히 살펴보세요. 저는 깜짝 놀랐어요. 제 얼굴이 이렇게 무서워 보이다니요? 미소는 좋은 언어표현이 됩니다.

아이의 감정표현에 거울처럼 공감하면서 따라 해보세요.

"짜증 나!"

라고 말한 아이에게

"짜증 나는구나!"

라고 말하면 됩니다.

아이는 그 상황에서 뭔가 특별한 것을 바라지 않아요. 그저 자신의 상태를 알아주길 바라는 겁니다. 우리는 그 상태를 인지해 주시면 되는 거지요. 아이에게 웃는 표정으로 다가가서 말해주세요. 아이는 항상 말보다 부모님 표정을 먼저 읽어요. 말 습관을 되짚어 보세요. 무심코 하는 말 중에 '왜?'로 시작되는 말이 있어요. 그렇게 시작되는 문장을 받아들이는 순간 아이는 방어기제를 갖게 돼요.

"왜 수학책을 집에 가져오지 않았어? 숙제는 어떻게 하려고?"

수학책을 학교에 두고 와서 숙제하지 못하는 상황에서 이렇게 말을 하게 되면 아이는 책을 가져오지 못한 것을 속상해하지만, 숙제할 방법을 엄마나 가족에게 떠넘기게 되고, 결국 다른 사람의 해결을 기다리게 됩니다. 대부분 그런 경우, 부모가 문제를 해결하게 됩니다. 아이가 숙제를 해결하도록

"네가 수학책을 가져오지 않았구나. 어떻게 숙제할지 생각해 봐."

라고 말한다면 아이가 해결할 수 있어요.

"선생님께 바른대로 말씀드리고 내일 일찍 학교 가서 숙제할게요."

라고 아이가 그 문제를 해결하도록 해야 합니다. '왜?'라는 문장을 부모나 양육자가 많이 쓰게 되면 아이도 따라 하게 돼요. 모둠활동에서나 친구 사이에서 그런 말을 많이 쓰면 상대방을 기분 나쁘게 할 수 있고 반항심을 심게 되지요.

조금 늦게 반응하는 친구에게,

"왜 이렇게 늦게 하는데?"

라고 대꾸한다면 친구 관계가 나빠질 수 있답니다.

학년 부장을 맡은 해였습니다. 그해 같은 학년 선생님들이 나이가 거의 비슷해서인지 유독 친하게 지냈어요. 주말에 남편이 지방으로 출장을 가게 되었어요. 그날 밤 선생님들을 집에 초대해서 저녁을 먹고 놀다가 갑자기 '고스톱'이란 화투를 치게 되었어요. 월요일 저녁 퇴근 후 집에 오니 싱크대에 설거지가 가득했어요. 그 당시 4학년인 딸아이에게 어떤 상황인지 물어보았습니다. 방과 후 친구들과 고스톱을 치고 라면을 함께 끓여 먹었다는 겁니다. 기가 막혔어요. 그 후론 화투를 아이 앞에 꺼낸 적이 없습니다.

부모는 자녀의 거울이라는 말이 있듯이, 자녀는 부모의 사소한 행동이나 말에도 영향을 받기 마련입니다. 우리 아이의 올바른 언어 사용을 위해서 가장 먼저 평소 말을 하는 방식이나 언어습관, 행동을 점검해 볼 필요가 있어요. 아이에게 강압적인 어투를 사용하지는 않는지, 아이는 텔레비전이나 스마트폰을 보지 말라고 하면서, 아이 앞에서 텔레비전과 스마트폰을 보는 건 아닌지, 대화 시 욕설을 사용하거나 서로 비방하는 말을 사용하지 않는지 되돌아보세요. 만약 작은 습관이라도 잘못된 것이 있다면 고쳐나가는 것이 중요해요. 그리고 내 가족이 아니라도 일상에서 상대방을 존중하는 태도는 비언어적 표현에 좋은 본보기가 됩니다. 언어습관은 이이에게 그대로 대물림된다는 것을 잊지 마세요.

〈어휘력, 표현력 향상을 위한 훈련〉

◇ 직접 책 읽어주기

사랑스러운 아이를 자신의 무릎에 앉히고 세상에서 가장 따뜻하고 아름다운 목소리로 최선을 다해 읽어주세요. 책을 읽어주는 것은, 생각보다 교육적 효과가 꽤 큽니다.

"이 책에서 주인공을 사랑하는 것처럼, 엄마(아빠)도 널 사랑해."

라며 표현하던가,

"넌 주인공의 이런 행동을 어떻게 생각해? "

라고 물으면서 아이의 마음을 읽어 보세요. 낱말의 뜻을 질문하도록 유도하며 책을 읽어주는 겁니다. 낱말의 뜻을 함께 알려주면 아이의 어휘력이 좋아지고 어떤 낱말을 설명하는 능력이 눈에 띄게 좋아집니다. 책을 읽을 때 문장부호에 유의해서 느낌을 살려서 읽어 보세요. 물음표, 느낌표를 어떻게 읽어야 하는지 아이들은 말해주지 않아도 저절로 습득할 수 있어요. 띄어쓰기가 된 부분도 잘 살려 읽어주면 아이의 어휘력에 많은 도움이 됩니다. 책장을 넘길 때 나는 소리, 촉감, 재미있는 책의 이야기에 빠져드는 것이 바로 독서입니다.

◇ 아이와 대화를 많이 나누기

유창성은 직접 생활 속에서 말을 하면서 발휘되는 능력입니다. 아이가 유창하게 말을 잘할 수 있도록 많은 대화를 나누어야 해요. 유치원에서, 혹은 학교에서 무엇을 했는지의 질문에 일과를 간단하게 말하게 하면 간략하게 하루의 일과를 정리해서 말하는 능력이 키워지지요. 아이와 대화할 때는 그냥 대화하는 것이 아니라 말끝을 흐리지 않고 또박또박 말할 수 있도록 연습합니다. 말끝을 흐지부지 말하는 것이 습관이 되면 반말하는 아이로 오해받기 쉬워요. 또 자신의 요구 사항을 명확하게 제대로 전달하지 못하니 의사소통도 힘들어지지요. **아이와 스무고개 놀이를 하면서 대화하는 것이 어휘력, 표현력 향상에 많은 도움이 됩니다. 생각해 놓은 단어를 맞추기 위해서 아이는 스무 개에 가까운 문장을 만들어야 하지요. 끝말잇기도 좋은 방법입니다.** 의도적으로 아이가 모르는 낱말을 이야기해서 아이가 궁금해하면 낱말을 익히게 해주면서 어휘력이 향상될 수 있어요. 나라 이름 대기, 꽃 이름 대기, 시장에 가면 볼 수 있는 것, 등 다양한 주제로 이름 대기 놀이를 하게 되면 아이가 재미있어하고, 사고의 폭과 어휘력을 넓힐 수 있어요.

아이의 거짓말에 대처하는 법

어렸을 때, 거짓말하는 게 들통이 나면, 아버지는 다섯 자매를 앉혀 놓은 다음, 자백을 받아내고, 반성하는 말을 하지 않으면 동그란 밥상에 올라가서 종아리를 맞았어요. 맏인 제가 제일 처음으로 맞아서 얼마나 아팠는지 몰라요. 아이들이 거짓말을 하는 이유는 부모에게 야단맞을까 두려워서입니다. 거짓말을 했다고 너무 강하게 몰아붙이면 아이들이 불필요한 정도의 공포와 좌절감에 시달리게 되고 거짓말을 할 때 훨씬 더 필사적으로 하게 된다네요. 자백을 받아내려고 하지 말고 확인할 수 있는 건 직접 확인하세요. 아이가 거짓말을 했다면 처벌보다는 적절한 결과를 겪도록 하는 게 효과적입니다. 인터넷 게임을 약속 시간보다 많이 봤다면 다음에는 게임 시간을 줄인다든지 하는 식으로. 뭔가 불이익이 돌아오게 되면 거짓말을 안 하게 되지요. 거짓말이라는 것은, 잘못된 행동이고 다시는 반복하지 말아야 한다는 것을, 단호하고 일관되게 이야기해야 합니다.

2장

잔소리는 어떻게 해야 효과적일까?

긴 여름방학을 마치고 개학하는 날이었어요. 교무실에 전화가 계속 울려대길래, 전화를 받게 되었어요. 고모가 전화 오고, 삼촌도 전화 통화를 했는데, 5학년 아이가 갑자기 사망하게 되었다고 합니다. 그 원인에 대해서 정확히 알 수 없었어요. 알고 보니, 아이가 개학 전날 스스로 목숨을 끊은 것이었습니다. 엄마에게 야단을 맞고, 엄마가 형 과 병원 간 사이에 그런 일을 벌인 거지요. 그 형도, 그 아이도 제가 영어를 가르쳤어요. 둘 다 굉장히 똑똑하고 수업 시간에도 적극적으로 참여하는 아이여서 너무나 안타까웠습니다. 이렇듯, 부모의 말 한마디가 아이에겐 생명하고도 바꿀 만큼 커다란 상처가 된 겁니다. 말은 '인공호흡'이라고도 해요. 똑같은 말이라도 지적질 먼저하고 칭찬을 나열해도, 그 지적한 말만 뇌에 남게 된다고 해요. 화난 얼굴 모습을 보며 야단치는 소리를 듣는 상황이 되었을 때, 우리 뇌는 갈등 조정의 아래쪽 전두엽, 역겨움의 뇌섬엽, 상호작용의 안쪽 전두엽, 기타의 정서 및 기억 중추 등이 총동원되어 매우 부정적이고 복잡한 뇌 기능 상태가 된다고 합니다.

부모님이 부정적인 말을 계속하면, 아이도 그대로 따라 하게 됩니다.

"선생님, 이거 다음에 하면 안 되나요?"

"이거 안 먹으면, 안되나요?"

이렇게 이야기하게 되지요. 아이가 커서 사회생활을 할 때도 계속 그런 식으로 사람을 대할 거 같아 걱정입니다.

어떤 엄마가 마음에 들지 않는 행동을 한 딸에게 이렇게 이야기했어요.

"좋은 말 할 때, 이리 와!"

딸이 대답했어요.

"엄마! 진짜 좋은 말만 할 거지요?"

천진하고 귀엽기만 한 아이지요? 진짜 좋은 말만 해주면 얼마나 좋을까요?

아버지는 밥상머리에서 늘 불우한 환경에서도 대학에 수석 합격한 학생의 이야기를 자주 하셨어요. 중고등학교 시절엔 집에 아침마다 신문이 배달되었지요. 신문 기사에 그런 내용이 있으면 그 신문을, 몰래 제 방에 감추었어요. 아버지의 잔소리가 듣기 싫었던 거지요. 반복된 잔소리는 귀 기울여 듣지 않게 되고, 반발심만 생겨요. 아이에게 잔소리하지 않고 좋은 말만 하고 살면 좋겠지만 현실은 그렇지 못합니다. 아이들이 듣기 싫어하는 잔소리, 어떻게 하면 아이에게 상처가 되지 않고 효과적으로 전달될 수 있을까요?

먼저 **행동을 유도해 보는 겁니다.** 아이에게 책을 읽게 하려면 어떻게 하면 좋을까요? 먼저 책을 읽을 환경을 만들어줘야 해요. 아이 앞에서 책을 읽는 겁니다. 책을 읽으라고 하고, 텔레비전을 본다면 아이는 어떤 생각이 들까요? 또 책을 읽게 하려면 다양한 책이 집에 있어야겠지요? 그리고 책을 읽는 데 방해되는 요소를 제거해야 해요. 휴대전화나 게임기가 보이면 아이는 그것부터 손에 넣으려고 할 겁니다. 책 읽는 것에 잠깐이라도 집중하는 모습을 보이면, 그 행동에 대해 칭찬해 주세요. 등을 구부리지 말라던지, 다른 부정적 요소로 지적한다면 당장 책 읽으려는 마음이 없어질 겁니다. 간식을 자주 먹어 걱정되어 잔소리하게 된다면, 간식이 주변에서 보이지 않도록 하면 됩니다. 또 간식을 사주지 말아야겠지요.

다음으로 **목표 행동에 이점이나 불이익을 갖도록 하는 겁니다.** 매일 물병을 가방에서 부엌에 내놓으라는 잔소리를 반복하는 경우를 생각해 보세요. 아이가 물병을 내놓지 않으면 다음 날 학교에서 물을 먹지 못하게 되겠지요? 분명히 아이는 남 탓을 하며 물을 먹지 못했다고 불평을 할 겁니다. 그러나

"네가 목이 마른 이유는 물병을 제때 내놓지 않았기 때문이고, 그건 네 책임이야."

라고 분명히 말해주는 게 좋아요. 아이에게 그런 경험을 겪는 게 중요합니다. 지금 당장은 아이가 하루 동안 물을 먹지 못한 게 안타까울 수 있지만, 먼 훗날 자립심을 가지고 살아갈 미래를 생각해야 해요.

저도 이런 관점에서 실패한 부모였어요. 마땅히 맡길 곳이 없어서, 제가 근무한 학교에 아이가 3학년 때까지 딸을 데리고 다녔어요. 어느 날 아이가 숙제를 다 마치지 못한 상황이 벌어졌습니다. 전날 집안 행사로 지방에서 늦게 집에 도착한 탓이라고 담임선생님에게 변명했어요. 같은 학년 선생님이라 사정을 봐주고는 그날 숙제 검사를 하지

않았어요. 아이가 예민해서 해야 할 일을 하지 못하거나, 준비물을 가져오지 않으면 방광염에 자주 걸렸거든요. 그 점이 걱정되었던 거지요. 그런데, 중학교 신입생이었던 어느 날, 딸이 정색하며.

"엄마가 나를 자립심 부족한 아이로 만들었어. 엄마가 준비물도 못 챙기고, 숙제 해오지 않은 날 담임선생님께 말해서 숙제 검사도 하지 않았잖아. 차라리 그때 야단도 좀 맞고 그랬어야 했는데. 그래도 초등학교 4학년 때 엄마 학교가 아닌 집 근처로 전학 가고 걸스카우트 생활하면서 많이 나아져 그나마 다행이야."

망치로 맞은 기분이었어요. 아이를 위한답시고 한 일이었어요.

잔소리를 시작하기 전에 아이를 의사결정에 참여하게 하세요. 무엇을 먹고 싶은지, 책상 정리를 어떻게 하면 좋을지, 아이의 의견을 존중해서 반영해 주세요. 아이가 무슨 말을 할 때 바쁘다면서 건성으로 듣지 말고 집중해서 끝까지 들어 주세요. 친구 관계나 옷 입는 것에, 지나치게 개입하지 마시고요.

아이의 '영역'을 존중해 줘야 해요. '영역'이란 아이가 하고자 하는 것 경험하고자 하는 것을 스스로 정하는 지침으로 신체, 감정, 소유물과 관련이 있어요. 아이의 '영역'을 존중하지 않으면 훗날 아이들은 타인의 '영역'을 존중하지 않는 아이로 자라날 확률이 높아요. 식사량을 강요하지 말고, 아이를 만지기 전에 아이의 기분이나 신호를 감지해 줘야 해요. 신체적, 정서적 체벌을 하지 마세요.

아이에게 지적하고 싶으면 칭찬을 세 가지 정도 먼저 한 후에 이야기하세요. 지적 먼저 하고 칭찬하게 되면 부정적인 말만 뇌에 남지요.

긍정적인 말로 화법을 바꾸면 어떨까요?

"책상을 더럽게 어지럽히지 말아라."

보다는

"책상을 깔끔하게 정리해 볼까?"

로 바꾸는 게 아이의 말하기 습관에도 도움이 돼요. 특정 행동을 멈추게 하고 싶을 때, 당장 멈추게 하면 오히려 반발심이 생길 수 있어요. 지금 한참 몰두한 아이에게는 잠깐의 시간을 주는 게 효과적입니다. 텔레비전에 한참 몰입하거나, 게임에 한참인 아이에게 갑자기 스위치를 빼버린다면 오히려 반발심이 더 커질 겁니다.

아이들에게 얘기할 때 가장 중요하면서 가장 안 되는 것이 감정 조절하기에요. 만약 얘기할 때 감정 조절에 실패하면 그것은 무조건 잔소리가 되는 겁니다. 관대하게 넘어가야 할 때는 아이가 기준을 어기는 잘못을 했어도 바로 자신의 과실을 진심으로 반성하고 뉘우친다면, 절대로 혼내지 마세요. 어떤 일을 열심히 시킨 대로 하려고 애쓰다가 실수를 한 경우에는 차분한 마음으로 아이들을 안아주어야 해요. 남들과 비교하면서 터무니없이 잔소리하면 자신이 한 일에 대한 죄책감보다는 한없는 모멸감과 자괴감만 느끼게 되는 거예요. 절대 다른 누구와 견주려 하지 마세요. 또 동생이나, 친구, 이웃이 있는 곳에서, 아이에게 야단을 치는 일도 하지 마세요. 아이의 자존감에 상처 입을 수 있어요. **적절한 시기에 적절한 장소에서 핵심만 간단하게 이야기하되 아이의 마음에 상처를 입지 않도록 조심해서 다가가야 해요.**

3장

선행학습 괜찮을까?

아이를 놀게 하고 싶어도 요즘 놀이터에 가면 아이들이 놀이터에서 하나둘씩 사라져 함께 놀 친구들이 없지요? 그동안 유치원이 끝나면 함께 어울리던 동네 친구들이 학원을 다니게 되면서, 놀이터에 나올 시간이 없어진 거지요.

'우리 아이도 학원을 보내야 하지 않을까?'

라는 불안이 시작될 겁니다.

'옆집 아이는 영어 파닉스 단계가 높다는데, ○○이는 해리포터를 원어로 읽는다는데?'

이런 걱정으로, 다른 아이보다 학습이 뒤처질까 많이 불안하지요?

무엇보다 초등학교 입학 전까지 자리 잡아야 할 것은 생활 습관과 독서 습관이라고 할 수 있어요. 이 두 가지만 제대로 된다면 굳이 학원에서 선행학습을 시키지 않아도 됩니다. 매일 꾸준히 정해진 분량을 목표로 정해 놓고 도달하게 하는 성취감을 느끼게 한다면 그게 바로 성장이지요.

무리한 선행학습은 오히려 퇴행 학습이 될 가능성이 있어요. C는 초등학교 5학년 학생인데, 벌써 9개월째 기억력과 집중력을 되살리는 정신과 치료를 받고 있어요. 중학교 영어를 비롯해 학원을 6곳이나 다니다 보니 학습장애 현상까지 나타납니다. 부모님은 C가 앉아서 차분히 공부 못하고, 집중력이 떨어져 걱정이라고 해요. 요즘 이런 아이들이 많아서 학교에서도 골칫거리입니다. 요즘 일부 학부모는 초등학교 입학 전에 미리 초등학교에서 배우는 영어와 수학을 다 마스터하고, 초등학교에 입학한 후에는 수능을 준비한다고 들었어요. 워낙 선행학습이 보편화되어 있어서 선행학습을 시키지 않는 부모는 아이를 방치하는 부모로 여겨지기도 하지요. 엄마들의 불안심리를 사교육 시장이 놓칠 리 없습니다. 사교육 시장도 이런 엄마들의 관심사에 맞게 그 시기의 트렌드에 맞춰 새로운 콘텐츠로 엄마들의 마음을 공략합니다. 심지어 돌이 지나지 않은 아기들까지도 사교육 시장의 주요 고객이 된다네요. 하지만 과유불급이라는 말이 있듯이, 지나쳐서 좋은 것은 없어요. **필요 이상의 선행학습은 아이를 지치게 하는 지름길입니다.**

많은 부모님이 초등학교 1학년 교과 공부를 준비하기 위해 아이에게 여러 학습지를 시키곤 해요. 5살 미만의 어린아이일지라도 그 예외가 될 수는 없지요. 하지만 개인적으로 방문학습지를 추천하지 않아요. 특히 5살 미만의 아이들에게 방문학습지를 시키는 것에 강하게 반대합니다. 초등학교 1~2학년의 공부는 충분히 지도할 수 있는 범위 안에 있어요. 굳이 선행이 필요한 부분이 아닙니다. 수업 시간에 미리 선행학습을 받은 아이는 티가 납니다. 수업 시간에 다른 짓을 하기도 하고 무척 답답해해요. 선행학습을 통해 내용을 아니 당연히 답답할 수밖에요. 수업 내용에 재미가 없으니 다른 생각을 하게 되지요. 아이는 그 시간에 선생님이 지시하지 않은 수학익힘책을 먼저 풀어버려요. 학생은 학교에서 대부분 시간을 보내는데, 시간으로 따져보아도 매우 비효율적입니다.

선행학습은 효과를 보기는커녕 오히려 해를 끼치는 경우가 많아요. 무리한 선행학습의 부작용은 크게 두 가지입니다.

첫째, 선행학습 내용을 제대로 이해하지 못하는 상태인데, 한 번 보았던 내용을 다시 보면 신기하지 않아요. 재미가 없으니 학교 수업에도 집중하지 못하게 되지요. 이미 알고 있다고 생각하니 선행학습 한 범위와 그 과목을 무시하게 되는 겁니다.

둘째, 자신의 수준보다 어려운 내용을 학원에서 계속 배우면서 자신감과 공부하는 재미를 잃게 됩니다. 공부해야 할 내용이 매우 많은데, 부모님이 더 빨리 진도를 나가라고 독촉하면 아이는 부담을 느끼고 학습에 대한 흥미를 잃게 되지요. 그러한 부담이 오히려 '수포자(수학을 포기한 자)'나 '영포자(영어를 포기한 자)'를 만들게 됩니다.

그럼에도 불구하고, 아이가 학원을 가고 싶어 한다면 시험을 자주 보거나 계속 무언가를 외우게 하는 학원은 좀 늦게 보내는 것이 좋아요. 아이가 평가에 대해 과도한 불안감을 갖게 될 수 있어요. 아이의 발달 특성을 생각해서 기초가 부족하다면 기초를 다질 수 있는 학원, 아이에게 진짜 도움이 되는 학원에 보낸다면 좋을 겁니다. 생각 없이 주변의 흐름에 휩쓸려 보내는 일은 없었으면 좋겠어요.

스스로 숙제하는 습관 만들기

짧고 단순하게 지시하되, 지시는 분명하게 하는 게 좋아요. 우리 뇌는 미사여구를 많이 붙일수록 잘 기억하지 못하니 지시를 짧게 반복해야 합니다. 일과를 매일 똑같이 반복해 주면 좋아요. 간식 먹고 숙제해야 한다는 걸 알 정도가 되었다면

"간식 먹었으니 이제 뭐 해야 하지?"

라고 살짝 상기시켜 보세요. 이때 지시에 감정을 섞지 말아야 해요. 지시에 부정적 감정을 싣게 되면 아이도 감정이 촉발됩니다.

'맨날 잔소리 시작이야.'

라며 행동을 관리하는 뇌 영역이 감정 뇌의 영향을 받게 되어 아이의 뇌는 지시 내용을 깔끔하게 기억하지 못하게 됩니다. 숙제하라고 지시할 때 항상 부모가 짜증을 냈다면 아이는 숙제를 싫어할 수밖에 없어요. 아이의 수준에 맞게 단계를 나누어서 지시하되, 아이가 기억을 못 한다면 더 잘게 쪼개서 지시해 보세요. 아이가 주의력이 흐트러진다 싶으면

"지금 얼마나 했어? 조금 남았네. 좀 빨리 할까?"

정도로 한 번씩 일러주면 충분해요.

일기 쓰기 지도

6학년 학생의 일기 검사를 했을 때입니다. 이 아이는 늘 일과를 같은 내용으로 썼어요.

"아침을 먹고, 이를 닦고 학교에 갔다. 수업이 끝나고 집에 와 씻고 텔레비전을 보고 숙제하고 잠을 잤다. "

있었던 일을 사실대로 썼지만 매일 같은 내용을 쓰면 문장력과 어휘력이 늘지 않아요. 그래서 그날의 특별한 일 중 하나를 쓰게 했어요. 그런 일이 없다면 학교에 가면서 혹은 집에 오면서 느낀 일을 쓰도록 지도했지요. 하교할 때 본 수족관의 금붕어에 대해, 그날 날씨, 읽은 책, 먹었던 음식, 등에 대해서 다양하게 쓰게 했어요. 그날의 햇빛은 어땠는지, 더웠는지, 더웠다면 어느 정도로 더웠는지, 비는 어느 정도 왔는지, 음식을 먹을 때 냄새는 어땠는지, 무엇이 가장 맛있었는지, 어떤 장면이 또렷이 생각났는지, 무슨 소리가 났는지, 친구와 어떤 일로 다투었는지, 그때 느낌은 어땠는지를 생각하며 쓰게 했어요. 아이의 글은 조금씩 분량이 늘기 시작했어요. 세월이 흐른 뒤 우연히 그 아이 소식을 듣게 되었어요. 놀랍게도 작가로 활동하더군요.

일기 쓰기는 1학년 1학기에 처음 등장하고, 2학기 다시 등장해요. 한 학기의 후반부에 배우는 것만큼, 일기 쓰기는 아이들에게 쉽지 않은 과제임이 분명합니다. 초등학교 입학 전에는 사진 일기나 그림일기를 써 봄으로써 글을 쓰는 연습을 자주 한다면 좋겠습니다. 일기 소재에 어려움을 겪는다면 일기 쓰기 전에 아이와 함께 하루 동안 있었던 일을 자연스럽게 대화로 풀어나가 보세요. 아이가 먼저 하루 동안의 일을 이야기하지 못한다면, 부모가 먼저 부모님의 일과를 이야기해 주면 아이도 이야기의 실타래를 슬슬 풀 수 있을 겁니다.

아이가 혼자 일기를 쓰게 되면 맞춤법, 띄어쓰기가 맞지 않는 경우가 많아요. 이때 일일이 고쳐주지 않아도 됩니다. 자꾸 고쳐주다 보면 일기 쓰는 것에 부담을 가질 수 있고, 일기를 싫어할 수 있어요. 아이가 일기 쓰는 것에 흥미를 붙이고 문장을 만드는 훈련을 연습한 것으로 충분합니다. 아이가 학교에서 이루어지는 수업을 통해서 점차 스스로 알게 되는 경우가 많고 어느 정도 틀린 맞춤법은 천천히 고쳐나갈 수 있기 때문입니다.

4장

경제교육 미리 해도 좋을까?

〈학교 폭력을 부르는 잘못된 용돈 사례〉

철수는 다른 학교에서 전학을 왔어요. 새 학교에서 친구를 빨리 사귀고 싶었습니다. 방과 후 친구들에게 떡볶이나 간식을 사주어서 환심을 사기 시작했어요. 철수는 어머니께 평소에 받던 것보다, 용돈을 점점 더 많이 달라고 했어요. 영철이는 철수가 사준 간식을 얻어먹다가, 철수가 용돈이 많이 가지고 다니는 것을 알게 되었지요. 영철이는 점점 철수에게 비싼 간식을 사달라고 하고, 어떨 때는 돈을 달라고도 했어요. 철수는 영철의 잦은 협박에 학교에 가는 것이 괴로워졌습니다. 어느 날부터 학교에 가지 않게 되었어요. 학교에 가지 않는 철수를 추궁하다가 철수 어머니가 그 사실을 알게 되었어요. 학교로 한달음에 달려가 학교 폭력으로 신고하게 되었어요. 용돈 때문에 생긴 안타까운 사례입니다. 아이에게 용돈을 적절하게 사용하고 관리하는 방법만 알았어도, 학교 폭력이라는 사태는 막았을 텐데요.

〈돈에 대한 부정적인 사고와 유대인 교육〉

예전부터 우리나라는 돈 이야기에 거부감을 느낍니다. 명절에 친척들이 모일 때, 어린 조카에게 용돈을 주면, 그 아이는 달려가 다시 그 돈을 부모에게 전달합니다.

"우리 애는 돈을 몰라요."

부모는 그 돈을 받으며 당연하다는 듯 주변 사람에게 이야기합니다. 돈을 모르는 자녀가 자랑스럽다는 투입니다. 우리나라는 돈을 잘 알고 관리하는 아이는 마치 영악한 아이라는 인식이 있어요. 그런데 어른들은 모이기만 하면 아파트 집값에 주식 이야기를 주고받지요.

"몇 년 전에 그 집을 샀더라면 벼락부자가 되었을 텐데."

라고 한탄하기도 하고. 옆에서 듣고 있는 자녀가 대화에 끼려고 하면

"너는 공부나 열심히 해!"

하며 핀잔을 줍니다. 돈에 대한 부정적인 사고가 과연 아이들 인생에 도움이 될까요?

유대인은 갓난아기일 때부터 금융에 대한 긍정적인 교육을 받기 시작하고, 말을 배우며 숫자를 알게 되면 실전을 배운다고 해요. 여러 모임에서 판매할 물품이 있다면 아이들이 목청을 높여 판매하며 수익을 보는 방법을 배우게 되고, 손님과 흥정하는 방법도 알게 된다고 하지요. 첫 번째가 저금통 교육인데, 태어난 지 6개월 남짓한 아기의 손가락에 동전을 쥐여주고 이 동전을 저금통에 넣는 훈련을 시킨다고 해요. 이 저금통은 하나가 아니라 두 개를 준비한다고 합니다. 하나

는 가난한 사람들을 위해, 다른 하나는 본인의 미래를 위해 저축하기 위해서랍니다. 유대인은 자녀에게 함부로 용돈을 주지 않아요. 불로소득은 없다는 점을 가르치기 위해서랍니다. 나이가 어리더라도 집에서 할 수 있는 일을 정해 가사를 돕거나 심부름 등의 노동을 했을 때 정해진 규칙에 맞게 용돈을 준다네요. 또 자녀가 초등학생 정도만 되어도 장사를 직접 경험하게 해요. 사용하지 않는 물건으로 바자회를 열기도 하고, 직접 음식이나 생활용품을 만들어 파는 일도 시킨다고 하니 우리나라의 정서와 정말 많이 다른 것 같아요.

〈가정에서의 효율적인 경제교육〉

우리나라의 경제교육은 어떨까요? 초등학교 교육과정에서 돈을 다루는 부분은 5학년 실과입니다. '시간 관리', '용돈 관리' 2쪽이 전부입니다. 그 내용 중 '나만의 용돈 기입장 만들기'가 2/3를 차지하고 있어요. 제대로 된 경제교육이라기엔 너무 부족하지요. 그렇다면 가정에서라도 용돈 교육을 제대로 배우고 있을까요? 요즘은 학습준비물을 학교에서 거의 마련해 주고 있어요. 학습에 필요한 물건, 장난감, 간식을 모두 주변에서 알아서 준비해 줍니다. 이모, 삼촌, 할아버지, 할머니가 선물로 다 사주게 되니, 아이들이 용돈을 모아서 무언가를 살 기회가 없어요. 아이들이 교실에서 물건을 분실하여도 찾아가지를 않지요. 교실 분실함에 아이들이 버린 연필, 지우개, 자 등이 넘쳐 납니다. 결핍을 모르니, 절약과 저축을 위한 용돈 기입장만 가르치면 그게 제대로 먹혀들어 갈까요?

어떻게 가정에서 경제교육을 하면 좋을까요?

첫째는 스스로 용돈을 관리하는 습관을 갖게 하는 겁니다. 초등학교 1, 2학년부터 용돈을 자기가 쓰고 싶은 곳에 마음대로 쓰게도 하고, 돈을 잃어버리는 경험도, 충동적으로 쓰는 경험도 갖게 하는 거지요. 일주일에 한 번, 혹은 한 달에 한 번 정도 정기적으로 용돈을 받게 해보세요. 500원이나 천원 정도로 시작해서 오천 원 정도를 받는 시기까지 용돈을 주는 겁니다. 용돈을 관리하는 경험을 갖게 하는 거지요. 그것에 앞서서 학습준비물은 부모님이 사줄 것인지, 용돈에서 쓸 것인지를 먼저 정하는 것이 좋겠습니다. 몸에 좋지 않은 음식과 인증되지 않은 장난감은 제한하도록 미리 지도하고요. 먹고 싶은 간식은 좀 더 용돈을 모아서 사도록 하고, 장난감은 오랫동안 가지고 놀 수 있는 것으로 사도록 지도하는 겁니다. 어디에 얼마만큼 썼는지를 점검하고, 조금씩 가치 있는 곳에, 쓸 수 있도록 대화를 나누세요. 체험학습 때 가져갈 적절한 용돈 범위도 조율합니다. 많은 돈은 학교에 가져가지 않도록 하고 돈으로 친구의 마음을 사는 것에는 한도가 있다는 충고도 해주는 것이 좋겠어요. 가정에서의 일로 용돈 주기는 지양하는 것이 좋아요. 집안일은 가족 모두가 자진해서 해야 하고, 아이들도 당연히 가족 구성원으로서 해야 하는 일로 받아들여야 합니다.

두 번째로 돈의 개념을 알도록 교육하는 겁니다. 성실하게 일을 하면 돈을 번다는 것을 알게 하는 거지요. 바르게 돈을 버는 성실한 모델을 보여주면 됩니다. 돈이 있다고 무조건 돈을 쓰는 게 아니고 필요한 만큼만 사는 생활을 보여주는 거지요. 어려서부터 물, 전기, 학용품 절약하는 법을 부모님에게 확실히 배웠다면 가르치기 수월할 겁니다. 돈을 많이 버는 것보다 '어떻게 쓰느냐'가 그 사람의 인생을 좌우할 만큼 중요한 일이고, 우리는 다양한 직업을 가진 사람들 덕분에 세상이 유지된다는 점도 가르쳐야 해요.

자신의 용돈을 나누어서 계획하고 관리하고 사용하는 것을 아이가 경험할 수 있도록 도와주세요. 자신의 용돈으로 다른 사람에게 도움을 주는 경험까지 하게 한다면 얼마나 좋을까요? 아이 스스로 가치 있는 사람이라고 여기게 될 겁니다. 용돈을 가치 있게 사용함으로써 가치 있는 자아를 형성하는 것도 좋은 방법입니다. 아이가 물건을 살 때, 이 물건이 왜 필요한지, 어떻게 사용할 것인지에 대해 충분히 논의하고, 물건을 사게 하는 거지요. 또 그 물건에 대해, 책임을 부여한다면 물건의 소중함을 경험하게 될 겁니다. 물건을 아껴 쓰고, 나눠 쓰고, 바꿔 쓰고, 다시 쓰기를 반복하면서 아이들의 경제 관념은 곧 실천의 습관으로 이어지게 될 거라고 믿습니다.

어린이날 선물?

어린이날 선물을 무엇을 받고 싶은지 미리 물어보지 마세요. 부모님이 어린이

날에 대해 깊이 생각하지 않는다는 인상을 주면 아이의 기대 수준이 낮아질

겁니다. 기껏 기대하게 했다가 아이가 뭔가 잘못했을 때,

"너 어린이날 그거 안 해줄 거야."

라고 말하면 아이는 실망과 분노를 느끼게 되지요. 기대를 과하게 하면 선물

의 효과는 곧 떨어지니까요. 좀 임박해서 말해주는 게 좋습니다. 문방구 같은

곳에 데려가서

"여기서 마음껏 세 개나 네 개 골라."

라거나

"다 합쳐서 만원 안에 마음껏 골라 봐."

라고 하면 무한정이란 느낌이 들어 아이들이 좋아할 수 있어요. 기쁨은 비용

과는 상관없습니다.

5장

학습 보상은 어떤 방식으로 주면 좋을까?

5학년 팝송 영어 부 특별활동반을 지도하던 때였어요. 아이들에게 팝송 가사를 외워 오도록 하고, 전부 다 외워 오면 초콜릿을 주기 시작했지요. 아이들은 정말 놀랄 정도로 가사를 다 외워 왔어요. 조그만 보상이 이렇게 멋진 결과를 가져온다니 정말 신기하기 짝이 없었습니다. 노래 가사에 괄호를 넣어 가사를 쓰게 하는 활동으로 어휘력을 정말 잘 지도할 수 있었어요. 한 2주간 그렇게 열심히 하던 아이들이 시들해졌어요. 초콜릿을 1개에서 3개로 주기로 하자 조금 효과가 있었어요. 그런데 이런 방법도 차차 시들해졌습니다. 아이들이 점점 더 많은 간식을 원했던 겁니다.

"이걸 하면 뭐 받게 되나요?"

이렇게 아이들이 제게 묻더군요. 팝송 가사를 외우면서 영어 문장을 자연스럽게 습득하게 되는 것은 아이들이고, 그것은 아이들을 위한 것이지 저를 위한 것은 아닌데 말입니다.

보상에는 물질적 보상과 정서적 보상이 있습니다. 정서적 보상은 칭찬과 자기만족이라고 할 수 있겠지요. 아이가 잘한 것에 물질적 보상을 받게 되면, 나중에는 스스로 하려는 마음이 사라지고, 보상을 위해 행동할 수 있어요. 물질적 보상을 위해 1등을 하면 얼마, 2등을 하면 얼마, 이런 식으로 물질적인 보상에 길들어진 아이는 자신이 공부를 열심히 하고 시험에서 좋은 점수를 획득해 좋은 성적을 내는 것은 자기 자신을 위해서가 아니라 가족을, 혹은 선생님을 즐겁게 해주는 일로 인식한다는 것이, 더 심각한 문제라고 할 수 있어요.

초등학교 아이들에게 아직은 외적보상이 필요해요. **집중력이 부족한 아이이거나, 공부 경험이 적은 아이일수록 즉각적 보상이 있으면 좋아요.** 왜 공부를 해야 하는지를 알게 되는 시기가 되면 외적보상이 필요하지 않겠지요. 그러나 적절한 보상은 올바른 습관 형성에 도움이 될 수 있습니다. 그런데 주의할 것은, **결과만을 가지고 보상을 주면 안 된다는 점입니다.** 아이가 풀기 어려운 과제를 할 때, 결과만을 보고 칭찬을 하는 경우, 아이는 부모를 만족시키기 위해서 쉬운 문제만 도전하고, 어려운 문제를 회피하게 됩니다. 시험 볼 때, 커닝이라도 해서 좋은 점수를 받으려는 아이도 있어요. 맞고 틀리고, 결과보다 중요한 것은, 아이가 열심히 하려는 과정과 경험이거든요.

하기 힘든 행동이나, 즐기지 않는 행동을 지속시켜 습관으로 만들려면 강력한 동기가 있어야 해요. 이때 적절한 보상이 큰 도움이 되는 거지요. 읽기 싫은 책을 참고 읽어서 스티커 판을 다 채워 선물을 받게 되면, 선물을 받는 즐거움도 크지만, 빈칸을 다 채웠다는 성취감이 더 클 겁니다. 그 기쁨을 겪은 아이는 또 열심히 하고 그 과정에서 습관도 형성되고, 실력도 향상되는 거지요. 초등학생의 경우, 스티커나 적절한 보상이 필요합니다. 선생님과 가족들에게 인정받고 싶은 욕구가 충족되기 때문이지요.

그럼 어떤 식으로 보상을 주는 게 좋을까요? 아이의 실생활을 살펴보면 모든 게 보상일 수 있어요. 예를 들면, 아이가 좋아하는 음식이나 행위로 쿠폰을 발행하는 겁니다. '떡볶이 1회 외식권', '좋아하는 책 사기', '좋아하는 영화 부모님과 함께 관람하기', '과자 파티', '할아버지 댁 방문', '좋아하는 카페 음료 1잔', '잔소리 없는 날', '게임 한 시간 이용권' 등 아이의 성향과 취향에 맞게 쿠폰을 발행하면 좋을 겁니다. 100점을 받으면 만 원을 준다고 하면 처음에는 효과가 있을지 모르지만, 아이는 점점 더 많은 액수를 요구할 겁니다.

처음에 동기 유발을 위해 물질적 보상을 해 주었다면 차차 정서적 보상으로 바꾸어가야 합니다.

"네가 이번 시험성적이 오른 걸 보니, 그동안 힘들게 한 노력이 성과를 보는 것 같아, 매우 기쁘구나."

"네가 친구들 사이에서도 좋은 영향을 준다니, 엄마는 네가 정말 자랑스럽구나."

"네가 꾸준히 열심히 해서 좋은 성과를 보여주니, 앞으로도 많이 기대되는구나."

이런 따뜻한 격려를 전해주면서 진심으로 기뻐하며 포옹을 해주는 겁니다. 아이가 몰입해서 공부하는 모습을 칭찬해 주면 학습의 욕구를 더 끌어들일 수 있을 겁니다. 그러나 너무나 과도한 기대는 금물이지요.

"이번 결과를 보니 네가 서울대학교도 무난히 합격하리라 믿어."
라는 식의 말은 부담감으로 이어질 수 있어요. 칭찬과 격려는 잘하지 못하면 오히려 독이 될 수 있습니다.

보상은 처음에는 작은 성취 목표와 작은 보상으로 시작하고, 학년이 올라갈수록 성취 목표와 보상 규모를 확대해 나가세요. 일주일 정도의 보상에서 한 달 단위로 늘려가는 겁니다. 일주일의 보상일 경우, 주말에 게임 한 시간이나, 영화 보기 등의 보상을 받게 되고, 한 달이라면 그달 말에 여행 쿠폰을 받을 수 있겠지요. 아이는 처음에는 작은 보상으로 하기 싫은 마음을 참고 실천하다가 보상단계를 높이면 스스로 성취감을 점차 느끼게 되지요. **보상을 일관성 있게 지속하면 반복적으로 과제를 완성하게 되어, 공부를 통해 자기 효능감도 느끼게 됩니다.** 주기를 점점 늘리면 공부의 주도권을 아이가 갖게 되지요. 스스로 공부하는 학습 습관이 자연스럽게 형성될 수 있어요. 보상은 단순히 학습을 유도하는 습관이 아니라 자기주도학습 습관을 키우는 도구가 되는 겁니다.

TIP

칭찬 노하우

1. 아이가 선천적으로 가지고 태어난 것을 칭찬하지 말 것.

2. 칭찬할 때는 절대 과거의 실수나 잘못은 이야기하지 말 것.

3. 제3 자에게 아이를 칭찬할 것.

4. 아이가 스스로 한 일은 그 자리에서 즉시 칭찬할 것.

5. 꾸중은 한 번만 칭찬은 여러 번 할 것.

6. 칭찬하면서 물질적 보상을 함께 제공하지 말 것. 칭찬하면서 사탕과 같은 물질적 보상을 함께 제공하면 칭찬의 내용은 아이 귀에 들어오지 않아요. 아이의 귀는 닫히고 오로지 사탕을 먹을 생각에만 온 신경이 집중되지요. 칭찬하는 내용을 귀담아듣고, 다음에 그와 같은 행동을 하는 데 도움이 되어야 하는데, 사탕에만 집중되어 있으니 칭찬의 효과가 줄어들 수밖에 없습니다. 또 칭찬할 때, 계속해서 물질적 보상을 하게 되면, 그 물질적 보상이 아이에게 가치가 없을 때, 흥미를 잃게 되니 주의해야 해요.

6장

영어 공부 어떻게 시작하면 좋은가?

〈영어교육 서둘러야 할까?〉

대학에서 영어교육을 전공해서 초등영어를 30년간 지도하고, 서울시 교원연수원과 지역교육청에서 선생님들에게 영어교육 강의를 오랫동안 해왔습니다. 참으로 안타까운 점은 초등학교 3학년부터 정식으로 수업 시간에 영어를 배우는데, 그때부터 벌써 영어를 싫어하고 진저리 치는 아이가 많다는 사실입니다. 부모의 극성으로 선행학습을 어린 나이에 시작한 아이가 영어 단어 시험을 보고, 영어 학습에 대한 부담으로 극도로 영어를 싫어하게 된 것입니다.

영어유치원에 입학하기 위해, 영어 과외를 시킨다는 기사에 과연 비싼 경비를 들인 만큼의 효과가 있을지 의문이 생깁니다. 영어유치원을 보내려는 부모들은 자녀가 또래보다 일찍 영어 구사 능력을 성취하여 경쟁에서 우월하길 기대합니다. 유아의 영어교육을 위해서 먼저 다음과 같은 부분에서 논의되어야 합니다.

학원에서 제공하는 교재가 유아 발달을 고려한 것인지, 교사가 사용하는 언어가 유아가 이해할 수 있는 수준인지 알 길이 없습니다. 또 원어민 교사의 전문성을 확인해야 합니다. 대부분 유아의 언어 입력이 녹음자료에 의존하고 있어요. 한국인 교사 없이 원어민 단독으로 진행할 때도 과연 의사소통이 제대로 되는지 확인할 길이 없습니다. 또 한국인 교사와 공동 진행 수업인 경우에도, 원어민 교사의 말을 듣지 않으려 하고, 한국인 교사의 말에만 의존하게 되지요. 발달이 더딘 유아의 경우, 한국어 습득이 영어를 배움으로써 더욱 느려질 수 있어요. 따라서 유아 개개인의 수준에 따라 영어 공부를 일찍 시작하는 게 도움이 될 수도 있지만, 비싼 경비를 들여 영어 공부를 시켰을지라도 전문 영어 교사를 만나지 못했거나, 유아 발달을 고려하지 않은 교재라면 차라리 초등학교에서부터 영어 공부를 시작한 것만 못합니다.

보습학원에서 영어 단어시험을 보게 하는 것 역시 위험한 일이에요. 일찍부터 영어를 싫어하게 되어서 고학년으로 올라갈수록 영어에 흥미를 잃게 됩니다. 아이가 잘 따라오면 문제가 되질 않지만, 단어를 암기하기보다는 문맥 속에서 문장 전체로 외우게 하는 게 더 좋은 방법이지요.

방과후 학교 원어민 수업을 참관하다 보면 많은 학부모가 아이의 영어 공부에 관심이 많다는 것을 느낄 수 있어요. 발표를 잘하고 자신감 있게 임하는 자녀가 참 자랑스러울 겁니다. 그런데 일찍부터 영어에 대한 흥미를 갖게 하고 자신감 있게 하려면 어떻게 지도하면 좋을까요? 학년마다 접근하는 방법이 다르지만 가장 중요한 것은 영어 공부를 꾸준히 좋아해야 한다는 점입니다.

그러면 어떻게 해야 영어에 꾸준히 흥미를 느낄 수 있을까요?

1. 저학년의 경우 노래나 챈트 등을 들려주며 함께 놀아주는 방법이 좋습니다. 요즘에는 Caillou 사이트나 유튜브를 즐겨 보는 아이들이 많더군요. 스마트패드와 같은 시청각 자극과 함께 주어지는 영유아용 교육자료들은 아이들이 집중하여 보기 때문에, 학습효과가 클 것이란 착각에 빠지게 만들 수 있어요. 그러나 실상은 영상 이미지에 대한 애착이라는 각인 효과가 생길 뿐 오히려 심리적 불안정 등 부작용이 생길 수 있어요. www.kizclub.com에서 그림책을 읽어주거나, 간단한 노래, 동물로 하는 게임 등이 있으니 활용도를 높여 보세요.

2. 잠자리에 들기 전에 Bed Time Story를 성대모사와 더불어 읽어준다면 정서적 교감에 손색없어요. 동화를 고를 때, 아이와 손잡고 대형서점에 가서 아이가 선택한 그림동화를 읽어 보면 좋겠어요. 간혹 저학년부터 비싼 돈을 들여 외국에 영어 캠프를 보내는데, 돈 낭비일 뿐 아니라, 효과도 별로 없어요.

3. 학교에서 원어민 교사와 하는 영어 캠프가 있다면 그런 프로그램을 선택하세요. 음식 만들기, 미니 올림픽, 등 놀이를 즐기면서 영어를 익히는 프로그램이 많습니다. 저학년에서 영어를 좋아했다면 고학년에 올라가면서 부모와 함께 팝송을 익히는 가정 팝송 대회는 어떨까요? 가사 내용을 다 익히거나, 중간에 괄호를 넣어 영어 단어를 가장 많이 맞추는 사람에게 상이나 용돈을 주는 방법도 좋아요.

4. 아이들은 영어 교과서에 나오는 내용으로 역할극을 만들어 동영

상으로 올리는 방법을 좋아합니다. 수준이 높아진다면 스스로 공부할 수 있는 온라인 사이트에 접속해서 활동지로 게임 하기, 세계 아이들과 펜팔, 말풍선 채우기 등 흥미로운 활동을 하도록 응원해 주세요.

일찍부터 영어 공부를 시키려는 부모의 의도가 내 아이가 남들보다 더 영어를 잘하여야 하고, 먼저 시작해야 한다는 욕심이라면 그런 생각부터 버리세요. 먼저 영어가 친숙해지도록 환경을 만들고, 그 시간이 즐거운 시간이라는 개념을 아이에게 심어주는 게 중요합니다. 쓰거나 단어시험 등, 숙제가 강요되지 않고, 좀 천천히 가도 좋으니 듣기로 시작해서 스스로 깨치고, 흥미를 잃지 않고 자연스럽게 말하기로 이어지도록 하는 공부 방법을 추천합니다. 조금이라도 말하기를 시도했을 때 많이 격려해 주세요. 그렇게만 한다면 우리 아이의 자신감이 더욱 향상되어, 영어 공부를 더 즐겁게 잘할 수 있을 겁니다.

〈영어책 읽기 지도 어떻게 할까?〉

많은 초등학교 부모님이 걱정하고 있어요.
"우리 아이가 파닉스 5단계까지 배웠는데, 아직도 영어책을 읽지 못해요."
사교육 학원에서는 단계를 마치고, 진도를 나가는 데 집중합니다.

학부모가 단계에 관심을 보이니, 눈에 보이는 것에 주로 신경을 쓰게 됩니다. 옆집 아이가 5단계인데, 내 아이가 3단계에 있다는 걸 참을 수 없기 때문이지요. 그러나 영어 공부는 향상된 게 눈에 보이지 않다가도 계단을 올라가듯 갑자기 점프하는 순간이 있어요. 아이가 단계를 올라가기 위해 부모가 잔소리하는 것을, 멈추어야 합니다. 스트레스가 없이 스스로 영어책 읽기를 좋아한다면 일단 성공입니다.

파닉스를 하는 이유는 발음에 대한 규칙을 알기 위해서입니다. 파닉스는 알파벳 단계, 단어 읽기 단계, 문장 인지 단계로 나뉘게 됩니다. 알파벳 단계는 알파벳의 모양과 이름을 익히고 그 음가를 이해하는 단계입니다. 단어 읽기 단계는 글자와 소리의 규칙을 이해하여 단어를 읽는 단계지요. 마지막으로 문장 인지 단계가 있어요. 파닉스 규칙과 관련된 단어와 sight words로 이루어진 문장을 읽을 수 있는 단계입니다. sight words란 파닉스 규칙에 따르지 않는 단어로 어린이들이 즐겨 읽는 책의 50~70%의 비율을 차지하는 빈번한 단어를 말해요.

그러면 이러한 단계를 모두 다 밟아야 할까요? 반드시 그렇지는 않아요. 글밥이 아주 적은 영어 그림책이나 영상을 보고, 들으면서 자연스럽게 어느 순간 파닉스를 익힐 수 있다고 생각합니다. 예전에는 파닉스라는 것을, 따로 배우지 않았어요. 영어를 처음 익힐 때가 생각나네요. 중학교에서 처음 영어를 알파벳부터 공부했던 시대에 학교 다녔지만, 개인적으로 초등학교 6학년 때 영어 공부를 시작했어요. 길거리를 지나가다가 '크리스마스'가 썬 간판을 읽었는데

'Christmas? 그런데 크리스마스라고 읽는구나. t 발음을 하지 않네.'

라고 의아하게 생각했던 기억이 납니다.

영어책 읽기 지도에 앞서서 먼저 국어로 된 우리나라 독서지도가 먼저 이루어져야 합니다. 국어로 된 책을 많이 읽어서 아이가 어휘에 대한 개념이 형성되어야 한다는 이야기지요. 한글 어휘를 많이 익혀야 영어책의 독후활동도 할 수 있어요. 그럼 영어 동화책을 읽으면 좋은 점이 무엇일까요?

첫째, 어휘력이 향상돼요. 동화라는 매력적인 이야기, 그리고 다채로운 삽화를 통해서 이해력이 높아지게 됩니다.

둘째, 영어권의 문화를 쉽게 이해하게 됩니다. 나아가 넓은 시각으로 세계를 바라볼 기회를 제공하지요.

셋째, 기본적인 문법 구조를 익히게 됩니다. 효과적인 의사소통을 위한 적절한 문법 사용을 익히게 되는 거지요.

넷째, 영어 독해력이 향상됩니다. 언어발달과 이해 능력이 늘게 됩니다.

마지막으로, 독서 습관이 형성되어서 스스로 책을 즐겁게 읽게 됩니다.

영어 공부를 듣기에 노출되는 환경을 만들어 달라고 했지요? 듣기는 읽기를 시작하기에 앞서서 가장 중요한 활동입니다. 영어책을 혼자서 소리 내어 읽고 눈으로 읽고 이해하는 것을, 읽기 독립이라고 해요. 읽기 독립을 위한 여러 무료 인터넷 사이트가 있어요. 다채롭고 인상적인 이미지, 문맥상에서 알 수 있는 단어들, 반복해서 봐도 좋은 점, 등의 장점이 있어요.

영어 동화책을 고를 때 무엇보다 우선시되어야 할 것은 아이의 수준에 맞추어 책을 선택하는 겁니다. 초등학생 저학년일 경우 이야기가 친숙하거나 흥미로운, 다양한 단어가 등장하는 동화책이 좋아요. 한 장에 두 줄 정도가 포함되어 있는 동화책을 선택합니다. 이때, 한 장에 모르는 단어는 3개 이하인 편이 좋으며, 소리 내어 읽을 수 있도록 하는 연습이 중요해요. 고학년으로 올라갈수록 문제 풀이에 지나치게 스트레스를 주지 말고 시리즈 단계 진도 나가는 것에 너무 신경을 쓰지 않으시면 좋겠어요. 초기 단계에서 아이들이 즐겁게 읽을 수 있도록 격려와 자신감을 심어주는 겁니다. 영어 공부에서 가장 중요한 점은 바로 자신감이지요.

6부

친구들과
관계 맺기

1장

나를 이해하고 관계 맺기

　미국의 하버드대학에서 수십 년간 종단 연구를 한 결과, 사람들이 행복을 느끼는 것은, 돈도, 권력도, 명예도 아니었습니다. 가장 중요한 요인은 좋은 인간관계였어요. 삶의 행복은 나와 관계를 맺는 사람들과 긍정적인 경험들이 많을 때 만족이 높았습니다. 아이들의 학업이 아닌 사회성이 행복하게 만들어 줄 수 있습니다. 하워드 가드너(How-ard Gardner)의 다중지능 이론은 인간의 지능을 다양한 측면에서 분석하는 이론으로, 성공한 사람들의 다양한 지능을 이해하는 데 큰 도움을 줍니다. 가드너는 지능을 단일한 능력으로 보지 않고, 여러 가지 독립적인 지능으로 나누어 설명합니다. 그의 이론에 따르면, 성공한 사람들은 특정 분야에서 뛰어난 지능을 발휘하며, 이는 그들의 직업적 성공과 밀접한 관련이 있어요. 가드너가 본 성공한 사람들의 지능 특징을 살펴보면 사회적으로 각 영역에서 두각을 보이는 사람들의 높은 부분은 '자기 이해 지능'과 '대인관계 지능'입니다

〈나야 나〉

자신의 감정을 표현하지 못해서 어려움을 겪는 경우가 많습니다.

"집에서 엄마, 아빠가 너를 지켜주듯, 학교에서 널 지켜주는 분은 선생님이야. 네게 문제가 생겼을 땐 먼저 선생님께 알려야 해."

이렇게 얘기해 주면 좀 더 편안한 마음으로 선생님께 다가갈 수 있습니다. 학교 체험학습 날 아이가 배탈이 났는데, 선생님에게 알리지 않았다면 어떤 일이 일어날 수 있을까요? 아이의 신체 상태를 알아야 교사가 이해하고 도와줄 수 있습니다. 소변이 급한데도 참고 있다가 요도염이나 방광염에 걸린 사례가 많습니다.

친구 관계도 마찬가지입니다. 서로의 갈등을 표현하지 못하고 풀지 않다가, 고학년에 올라가서 더 심각한 상태로 폭발해서 학교 폭력으로 이어질 수 있습니다. 지금부터라도 매일 긍정적, 부정적 감정을 하나씩 표현하고, 부모님이 모든 감정을 받아준다는 것을 알게 되면 더욱 마음이 튼튼하고 건강한 아이가 될 것입니다.

〈자신의 감정 표현하기〉

1. 책을 많이 읽는 옆집 아이를 부러워하거나 비교하지 말고, 아이와 함께 책을 읽는 즐거움을 찾아보세요. 함께 이야기할 주제를 무궁무진하게 만들어 줍니다. 자신의 감정을 솔직하게 표현하는

기회를 갖게 하세요.

"너라면 어떻게 했을까?"

"왜 이런 행동을 했지?"

라고 대화를 나누세요. 많은 책을 읽는 것보다, 더 가치 있는 독서법입니다.

2. 잠들기 전 오늘 하루에 몇 번의 행복을 발견했는지 아이와 서로 이야기해 보는 시간을 가져 봅니다. 감사의 마음, 긍정의 마음을 갖게 합니다.

3. 엄마가 그림책을 드는 순간

   '또 뭔가 가르치려고 하나?'

   하는 생각에 아이는 한숨이 밀려 나옵니다. 아이들에게 책에 대한 흥미를 심어주고 싶다면 몸 놀이부터 시작해 보세요. 아빠에 관한 책을 읽으면

   '아빠 흉내 내기 놀이로 아빠로 변신'해서 책을 삶 속에 녹여내 보세요.

〈말의 힘〉

가정에서 '칭찬의 날'을 정하세요, 붙임쪽지에 칭찬할 내용을 적어서 아이의 이마, 볼, 배, 어깨, 엉덩이에 붙여주세요. 아이를 항상 긍정적으로 바라봐주고 칭찬해 주는 부모님의 모습을 익숙하게 봐오던 아이

들은 또래 관계에서 다른 모습을 보여줍니다. 자존감도 높아지고, 아이에게 듬뿍 칭찬의 말을 전하세요.

가끔은 아이들에게 야단을 쳐야 할 경우가 생깁니다. 야단을 칠 때는 단호하고 간결하게 말하세요. 간혹 상황을 설명하고, 이유를 설명하느라 장황하게 말하면서 말이 길어집니다. 아이들은 집중력이 매우 짧습니다. 긴 이야기를 들어주지 않아요. 다음에 그런 상황이 반복되면 나중에는 잔소리로 여겨 아예 들으려고 하지 않습니다. 한두 번 타일러도 고쳐지지 않으면 좀 더 단호하고 강경해질 필요가 있어요. 화는 아이에게 상처를 주지만 단호함은 경각심을 심어줍니다.

〈발표할 때 용기 내어 보기〉

『용기 모자』 책을 읽어주세요. 새 학년, 새 학기, 새로운 친구들을 만나 긴장감을 날려 버리기 좋은 그림책이지요. 어떨 때 용기가 필요한지 말해 보게 하고. 조금만 더 힘을 내면 해낼 수 있을 거란 믿음을 심어주는 겁니다. 아이는 어떤 경우에 두려움을 느끼는지, 그런 환경에서 무서움을 이기고 용기를 낼 수 있는 말을 해주세요.

〈아이마다 강점이 있어요〉

남자답지 못하다거나 여자답지 못하다는 이유로 고민을 호소하는 경우가 있습니다. 남자다움, 여자다움은 없어요. 나다움만 있을 뿐입니다. 아이의 타고난 기질과 특성을 있는 그대로 바라보는 게 중요하지요. 공부 못하는 옆집 아이보다 1등만 하는 내 아이가 반드시 성공한다는 보장은 없습니다. 공부 못하는 아이가 공부 잘하는 아이보다 성공해서 '돈 잘 버는 행복한 이웃'이 된 사례는 실제로 수두룩합니다.

2장

타인의 감정 공감하고 배려하기

〈친구 사귀기〉

아이들은 언어능력이 발달하며 친구끼리 다투는 모습이 달라집니다. 전에는 툭하면 울어버렸지만 이젠 자신의 입장을 변호하거나 힘으로 과시하게 됩니다. 말을 잘 못 하는 아이들이 친구 관계가 힘들어지는 이유이기도 하지요. 친구의 잘못을 조목조목 지적하기도 합니다.

남자아이들은 개인으로 인정받기보다는 그룹에서 자신을 드러내길 좋아합니다. 힘으로 자신의 관계를 나타냅니다. 축구 같은 경기를 잘하는 것은 남자아이들 사이에서 인기가 좋습니다.

여자아이들은 말로 친구를 사귑니다. 자신의 말을 잘 들어주고 자신의 입장을 잘 전하는 아이들은 관계 맺기가 수월합니다. 예쁘거나 옷을 잘 입는 외모가 인기에 영향을 주기도 합니다.

친구 관계에서 배우는 사회적 기술로는 의사소통에 필요한 언어적, 비언어적 기술을 말합니다. 적절한 눈 맞춤, 표정 읽기, 몸짓 이해하기 등 비언어적 행위로 사람들에게 가깝고 먼 느낌을 주고 다른 사람들이 내게 갖는 감정을 이해하고 배웁니다.

경험의 성공과 실패를 통해 아이들은 사회적 태도와 기술을 배우게 되지요. 그러나 친구 관계의 어려움이 반복되면 부정적인 자아를 갖게 됩니다. 다른 사람이 자신의 행동을 긍정적으로 인정해 주면 이를 긍정적으로 받아들이지만, 부정적으로 평가한다고 느껴지면 자아상도 부정적이 된다는 이론입니다. 한마디로 타인의 의견에 반응하면서 '사회적 자아'가 형성된다는 개념이지요.

〈올바른 화해법〉

괜찮다는 말은 진심으로 마음이 괜찮아졌을 때 하는 것이라고 말해주세요. 대신 친구에게 바라는 이야기를 할 수 있어야 합니다.
"앞으로는 놀리지 않았으면 좋겠어."
라고요. 어릴 때부터 아이들이 화해할 때 솔직한 감정을 말하고 드러낼 수 있어야 합니다.

〈사이좋은 관계를 위한 말〉

친구들에게 날카롭게 가시 돋친 말을 하는 아이들이 간혹 있습니다. 자신을 지키기 위해서 가시를 품고 있지만, 상대를 아프게 하면 안 되겠지요. 하얀 종이에 내 안의 가시들을 적어보고 부정적 감정을 해소하는 활동을 하도록 기회를 주세요.

친구를 독점하려는 마음으로 힘들어요

"그 친구는 소중하고 예뻐서 나만의 병 속에 가둘 수는 없단다. 다른 친구와 만나서도 나와 놀던 것처럼 그런 시간을 보낼 수 있어. 다른 친구와도 놀고 싶어 하는 그 친구의 마음을 존중해 줘야 해. 며칠이 지나면 다시 너랑도 놀게 될 테니까 걱정하지 마. 오늘은 너를 기다리는 다른 친구와 시간을 가져봐."

라고 이야기해 주세요. 모든 아이와 다 친구가 될 수는 없습니다. 마음이 맞지 않는 친구에게 억지 우정을 요구할 수 없습니다. 마음을 나눌 수 있는 다른 친구들과 좋은 관계를 맺는 것이 올바른 관계지요. 다만 마음이 맞지 않다고 해서 서로를 비난하거나 공격해서는 안 됩니다. 서로 마음을 존중하며 이해해야 합니다.

3장

이래서 고민입니다

⟨너무 활동적이라 걱정입니다⟩

활동성이 높다고 규칙을 지키지 않는 것은 아닙니다, 오히려 활동성
이 높아 학급의 분위기를 긍정적인 에너지로 끌어 올리는 경우가 많
습니다. 격려하고 칭찬할 일입니다. 해야 할 일을 다 하고 친구와 놀
기, 선생님 말씀 조용히 끝까지 듣기, 복도에서 큰 소리로 떠들거나 뛰
지 않기 등 기본적인 규칙을 주지시키면 좋습니다.

⟨체구가 작아요⟩

체구가 비정상적으로 작은 아이가 있었어요. 이 친구는 체구가 작아
도 기죽지 않고 체육 시간에 무척 적극적이었습니다. 해마다 그 증세
로 방학 중엔 입원해야 했지만. 그 사실도 긍정적으로 받아들였어요.

체구가 작은 아이들이 소극적인 이유는 대부분 스스로 느끼는 자
신감과 관련이 있어요. 은연중에 받아온 배려와 걱정이 아이에게 투
사되어 신체적 자존감을 다치게 했을 수 있습니다. 그래서 '작은 아이'

'소극적인 아이', '체육 시간에 도움이 필요한 아이'라는 각인을 스스로 갖게 되어 악순환이 반복되는 경우가 있을 수 있지요. 이 경우에는 아이가 신체적 자신감을 극복할 기회를 갖는 것이 중요합니다. 태권도와 같은 운동을 통해 체력과 자신감을 동시에 키울 수 있습니다. 실제로 태권도를 통해 체구가 작은 아이들이 자신감을 얻고, 체력도 향상된 사례가 있습니다.

아이가 주도적으로 이끌어갈 수 있는 환경에 처하는 게 중요하지요. 긍정적이고 리더십이 있으며 운동을 좋아하는 활동성 있는 친구는 누구에게나 환영받습니다. 아이의 교우관계에 미치는 영향은 체구가 아니라, 긍정성과 자존감입니다.

〈지나치게 예민해요〉

대개 예민한 아이는 조그만 환경 변화에도 민감하게 받아들입니다. 학교에서도 작은 장난에 지나치게 화를 내거나 예정된 시간표에 변화가 와도 틱 장애가 오거나 선생님께 항의하는 경우가 있습니다. 과학실에 갈 시간엔 과학실에 가야 하고, 체육관 수업에 갑자기 생긴 일로 변화가 생기면 참지 못하는 경우를 보았습니다. 물감이 손에 조금만 묻어도 화장실에 가야 한다거나 짝이 조금 큰 소리로 이야기해도 놀랍니다.

그러나 다른 사람의 조그만 변화에도 공감하거나 외모 변화를 알아

차리기도 합니다. 평소에 정해진 규칙적인 생활을 좋아하는 등 긍정적인 면이 있습니다. 부모님이 이러한 기질을 긍정적으로 받아들이도록 도와주어야 합니다. 짝꿍이 실수로 물감이 내 작품에 튀었을 때, 소리를 지르기보다는 내 감정을 언어로 정확히 전달하는 것이, 더 효과적이라는 것을 알려주세요. 조그만 자극에도 잘 대처하는 능력을 키우게 해야 합니다. 부모의 불안과 걱정이 오히려 아이의 예민함을 부정적 감정과 행동으로 이끌 수 있으니 주의하셔야 합니다. 부모의 여유와 아이에 대한 믿음으로 기다려주는 게 필요합니다.

〈친구에게 지나치게 집착해요〉

그 친구가 나하고만 놀아야 한다는 생각을 갖고 있거나, 원하는 관계가 이루어지지 않았을 때, 생기는 상실감과 상처가 큽니다. 그 아이하고만 놀고 싶은 이유를 충분히 듣고, 그 감정을 공감해 주세요. 한편 다른 친구에게도 관심을 갖도록 물리적, 심리적인 기회를 제공해 주시기 바랍니다. 단짝 친구도 중요하지만 다양한 친구와 상호작용하면서 성장을 이루어야 하는 시기이기 때문입니다.

〈순하고 소심하다면〉

발표하려고 손을 들고 싶은데 주저하는 아이, 친구들이 하라는 대로 주고 싶지 않은 물건을 억지로 물건을 주고도 괜찮은 척하는 아이, 갖고 싶은 게 있어도 친구나 부모에게 말을 못 하는 아이 때문에 고민이라고요? 곁에서 보기 답답하고 안쓰럽지만 속은 꽉 찬 단단함이 자리 잡고 있으니 염려 마세요. 대부분 꼼꼼하게 계획을 세우고 신중하게 행동합니다. 교우관계도 여러 명의 친구보다는 몇몇 친구들과 깊은 관계를 이어갈 수 있어요. 이런 성향에 대해 부정적인 시각을 갖기보다는 조금 기다려주고 차곡차곡 쌓아가는 단계를 칭찬해 주세요.

〈친구와 어울리지 않고 혼자 논다면〉

기질적으로 친구와 노는 데 시간이 필요한 아이가 있습니다. 혼자 노는 게 편하다는 아이도 있고. 금방 친구를 사귀고, 친구들과 노는 아이들과 비교해서 내 아이가 혼자 떨어져 논다면 마음이 편할 리 없어요. 하지만 활발하게 노는 게 옳고, 혼자 노는 게 틀린 것은 아닙니다. 아이에 따라 친구 사귀는데 탐색과 관찰이 필요할 때가 있지요. 한참을 지켜보다가 자기와 정말 맞는 한 두 명의 아이와 사귀기도 합니다. 친구들의 놀이에 어떻게 끼어야 할지 몰라서 힘들어하는 아이도 있어요. 이 경우는 약간의 연습이 필요해요. 친구와 노는데 거절당한 경험이 있다면 다시 어울리는 데 용기가 필요할 수 있어요. 우는 아이의 마음에 공감해 주고, 거절당한 이유를 바깥에서 찾도록 합니다. 부정적 자아 인식에서 벗어나 자신의 존재를 귀한 존재로 인식하는 게 필요해요.

〈틀린 게 아니라 다른 겁니다〉

1. 적극적 참여 vs 소리 없이 강함

공개수업 참관 때 무조건 손부터 들어서 선생님이 대답할 기회를 주면 질문이 무엇인지 까먹었다고 말하는 아이가 있어요. 이런 아이는 주로 친구들이나 선생님에게 관심을 받고 싶어 합니다. 모둠활동에도 매우 적극적으로 참여합니다.

반면 두드러지지는 않지만, 모둠활동에 성실하게 참여한다면 '소리 없이 강한 아이'인 경우이지요. 손들고 자신 있게 발표하기로 미션을 주세요. 이런 아이는 사회적 불안이 높거나 자존감이 낮을 수 있어요. 서서히 천천히 나가는 모습을 응원해 주며 자라나는 모습을 칭찬해 주세요.

2. 선생님에게 확인받고 싶어 하는 아이 vs 혼자서 빠르게 하고 싶은 아이

단계마다 선생님께 확인을 받고 싶어 한다면 활동에 자신감을 가질 수 있어야 합니다. 관심과 인정을 충분히 받는다는 느낌과 확신을 주세요. 독립적인 성향이 강한 아이는 과제를 수행하는 데 큰 문제가 없지만, 다른 친구의 과제가 마무리될 때까지 기다리지 못합니다. 가정에서 역할놀이를 통해, 의사 표현 연습을 충분히 시키세요. 속도가 빠르지 않고 뛰어난 답안을 내지 않지만, 글의 내용에 공감하고 떠오르는 상황을 천천히 잘 묘사하는 아이들이 있습니다. 다른 아이들의 부러움을 사지는 않지만 다른 친구들의 이야기에 귀 기울여 공감되는 내용에 동의하고 자신의 이야기를 풀어내는데 막힘이 없습니다. 이처럼 건강한 정서를 가지고 있어 왜곡이 없으며 친구들과 원만해야겠지요.

사회적 관계에 민감한 아이들도 있습니다. 친구와 팀을 만들어 수행하기를 즐기고 모둠 발표에 몰입합니다. 혼자 하라고 하면 지루해하고 모르겠다고 연발하지만, 함께 할 때 주도성을 발휘하거나 주도적인 아이의 의견에 따라 자기 역할을 설정하기도 합니다. 다른 아이와 의견을 교환하기를 즐기고 함께 결론에 도착하는 것을 유쾌하게 즐기기도 합니다.

3. 지는 걸 참을 수 없는 아이 vs 승부에 지나치게 쿨한 아이

수업 중에 진행한 게임에 지는 것을 참을 수 없어 쉬는 시간에도 계속하는 아이가 있습니다. 체육 시간의 경기에서 지면 심판을 한 선생님께 분풀이하거나 상대방에게 욕설하기도 합니다.

"졌지만 덕분에 즐거운 시간이었지?"

"모두 규칙을 지키며 끝까지 잘 참여했지?"

라고 이야기할 시간을 주세요.

"오늘 수학 시험 문제에 내가 틀린 것은 선생님이 문제를 이상하게 냈기 때문이야."

"다른 반 아이가 반칙했기 때문이야."

라고 자기합리화를 하거나, 잘못을 남 탓으로 돌리는 경우가 많지요.

"야! 무조건 일등 했어야지."

라는 말은 아이의 자존심에 상처를 남기는 말입니다.

"게임 한 판 이긴다고 뭐 달라지는 건 없어."

"대신 넌 다른 걸 잘하잖아."

라고 유연한 사고를 갖도록 유도해야 합니다.

반대로 지나치게 쿨한 경우 '마음이 단단한 경우', '자존감이 높은 아이'라면 다행이지만, '과제집착력이 낮아서', '쉽게 포기하는 아이'인 경우 충분한 성공의 기회를 갖도록 해야 합니다. 아이가 느끼기에 도전적이면서도 아이의 능력에 적합한 난이도의 과제를 부여해서 자신감을 키워주는 게 절대적으로 필요합니다.

4. 모르는 내용에 소극적인 아이 vs 아는 것을 지겨워하는 아이

모르는 것에 두려움을 느끼고 잘할 수 있는 상황에서도 두려움 때문에 시도조차 하지 못하고 도전하지 않고 망설이는 경우, 아이와 함께 교과서를 크게 읽거나 주간학습 안내문을 미리 살펴 공부할 내용을 수다 떨듯, 관련된 경험으로 이야기를 나누어 볼 것을 추천합니다.

학원에 다녀서 다 아는 내용이라며 많은 경험이 오히려 나쁜 학습 태도를 가져오는 아이는 아는 내용이라도 선생님의 말씀을 귀담아듣고 중요한 내용을 기억하려 노력하는 태도를 갖도록 지도합니다. 선생님과 친구들의 진도에 차곡차곡 맞추어 가려는 습관을 갖는 게 중요하다고 일러주세요.

"네가 잘 아는 것은 선생님이나 친구들의 설명을 기다리지 말고 네가 할 수 있는 다른 것을 해."

라고 말해주는 태도는 아이에게도 부정적인 영향을 끼치게 됩니다.

5. 하나부터 열까지 다 이야기하는 아이 vs 무얼 했는지 모른다고 대답을 하지 않는 아이

학부모 입장으로 아이가 하루 종일 학교에서 무얼 했는지 궁금할 수밖에 없습니다. 묻지 않았는데도 하루에 있었던 일을 재잘재잘 말해주는 친구가 있는가 하면 아무리 물어도 쉽게 대답해 주지 않는 아이도 있지요.

아이가 무슨 말을 할 때 단정적이거나 평가 비교하는 이야기를 하지 말고 공감과 이해의 태도를 보여주세요. 아이는 칭찬받으려고 문제 상황을 빠뜨리거나 왜곡해서 이야기하는 경우가 있습니다. 혹시 왜곡된 이야기를 전하지 않았는지 유심히 살필 필요가 있어요. 아이 말만 듣고 흥분해서 싸운 아이에게 찾아가거나, 부모에게 전화를 거는 선부른 일을 하지 않도록 유의해야 합니다.

반대로 이야기를 잘하지 않는 아이에게는 단답식 질문보다는

"오늘 무엇을 그렸니?"

"기분이 어땠어?"

라고 묻는 게 좋습니다. 아이가 이야기를 시작하면 집중해서 듣고 긍정적인 반응을 보여주세요.

4장

친구 갈등에 대처하려면

〈자주 싸우는 친구와 만나게 해야 하나〉

아이가 특정 아이와 너무 자주 싸우면 부모도 고민이 됩니다. 아이에게

"그 친구랑 놀 때마다 싸우고, 놀고 나면 더 기분이 나빠지니?"

하고 한번 물어보세요. 기분이 더 나빠진다고 하면 좋지 않을 수 있어요. 그 친구와 계속 노는 것은, 아이에게 부정적 감정을 일으키게 됩니다. 그런데 그 친구와 싸우면서도 놀려고 한다면 같이 놀려도 괜찮습니다. 아이가 그 친구와 다투어도 즐거운 상태이고, 내 아이에게 견딜 힘이 있기 때문입니다. 사실 아이들은 싸울 때뿐이고 뒤돌아서면 언제 그랬냐면서 같이 놉니다.[5]

우리 애랑 놀기 싫다는 아이를 어르고 달래면서 놀게 하는 행위는 어리석은 일입니다. 아이가 친구 관계에서 스스로 해야 하는 노력을 하지 않게 되고 엄마에게 더 의지하게 됩니다. 아이의 말에 공감해 주고 어떤 부분에서 다툼이 생겼는지 그 원인을 파악해서 조언해 주는 게 좋습니다. 아이 스스로 관계 맺는 법을 배우고, 직접 경험해 보는

---

[5] 『부모와 함께 자라는 아이의 사회성 수업』, 이영민, 팜파스, 2018

것이, 가장 좋은 사회성을 기르는 방법입니다.

〈친구와 툭하면 싸워요〉

공격성이 많은 아이가 있어요. 습관의 문제도 있어서, 사회성의 하나로 보려 하거나 까다로운 성격의 문제로 보려는 측면도 있지요. 그러나 자주 싸우는 현상이 일시적이지 않고 지속되는 경우라면, 서둘러 문제의 원인을 발견하고 처리해야 해요. 공격성이 많은 아동은 감정 표현에 문제를 보이거나 부정성이 높거나, 폭력성이 작용한다는 특징을 갖고 있습니다. 다음은 가톨릭대학교 소아청소년과 김영훈 교수의 《툭하면 친구와 싸우는 아이》 육아 지침입니다.

가톨릭대학교 김영훈 교수는 툭하면 친구와 싸우는 아이에게는 스트레스를 받고 있는지 살피고, 아이가 친구를 때리거나 집어던지는 행위를 하면 단호하게 지적할 것을 조언합니다. 그는 아이의 말을 경청하되 기다리는 훈련을 하게 하고. 잘한 행동에 대해서는 충분히 칭찬해줄 필요가 있다고 강조합니다.[6] 내 아이가 피해자라고 생각하거나 공격적인 행동을 부추긴다면 아이의 행동은 고칠 수 없습니다. 열정이 넘치는 아이라면 축구나 달리기 등 힘을 쏟는 운동을 함께 할 것

---

6 『툭하면 친구와 싸우는 아이』, 김영훈 카톨릭대학교 소아청소년과 교수, 대한소아청소년 과
   학회, 2020

을 고려해 보세요.

〈아이 싸움 얼마만큼 개입해야 할까?〉

같은 반이라고, 같은 동네라서 혹은 같은 학원을 함께 다닌다고 친하게 지내다가 싸우는 경우가 많아요. 아이의 일방적인 이야기만 듣고 불편한 감정이 생겨서 어른들의 소송까지 가는 경우를 많이 봤습니다. 아이들 싸움 올바르게 중재하려면 어떻게 해야 할까요?

1. 장난과 폭력을 구분하세요. 아이가 장난으로 생각한다면 한 걸음 물러서서 지켜보세요.
2. 감정을 절제하고 할 말을 하는 연습을 시켜주세요. 똑 부러지게 말하고 감정은 최대한 절제하는 연습이 필요합니다. 아이의 말을 경청하고 최대한 공감해 주세요. 이때 아이를 다그치지 않도록 합니다.
3. 아이가 직접 선생님께 말하도록 하세요. 굳이 부모님이 중간에서 아이의 말을 전달하지 않도록 합니다.
4. 만약 아이가 선생님께 말씀드렸는데도 괴롭힘이 멈춰지지 않는다면 부모님이 담임선생님께 직접 상담합니다. 자녀의 억울함과 힘든 점만 일방적으로 전달하지 않도록 합니다. 해당 친구가 어떤지, 앞으로 어떻게 해결하면 좋은지, 가정에서 특별히 신경 쓸 일

이 무엇인지를 물어보며 자연스럽게 대화를 주고받으세요. 아이가 이런 부분에서 힘들어하니 지도 부탁드린다는 말도 전합니다.

5. 아이는 갈등을 통해서 서로 입장을 이해하는 법, 분쟁이나 대립을 조율하는 방법, 때로는 양보하고 때로는 자신의 의견을 주장하는 법을 배웁니다. 이 과정에서 상대방에게 상처를 주는 행동이나 독단적인 말을 했다는 것을, 반성하면서 조금 더 성숙해지거든요. 이때 부모는 해결사가 되거나 억지로 화해시키지 말고, 싸움에 직접 개입하지 마세요. 부모가 선을 넘어 개입하는 것은 애써 찾아온 실패의 경험을 빼앗아 가는 것입니다. 아이도 스스로 이겨낼 수 있어요. 스스로 해결할 기회를 주세요. 물론 사건의 크기와 정도에 따라 개입 여부도 구별해야 합니다. 중요한 것은 아이가 힘든 상황을 스스로 헤쳐 나갈 수 있도록 지혜와 용기를 주는 든든한 지지자가 되어 주는 것입니다.

TIP

절대 하지 않아야 할 중재 방법 5가지

1. 아이를 비난하지 말아야 합니다.

   "너는 매일 맞고만 와." "너는 왜 또 울어."

2. 친구를 비난하지 말아야 합니다.

   "그 친구는 나쁜 애야, 그 애랑 놀지 마."

3. 상황을 끝내기 위한 사과입니다.

"빨리 사과하고 가자."

4. 복수하기

"너도 때려.", "너도 뺏어."

5. 협박하기

"한 번만 더 싸우면 장난감 갖고 간다."

5장

학교 폭력 지혜롭게 대처하기

가벼운 장난이 때로 '학교 폭력'이라 명명되어 피해자, 가해자 모두에게 상처를 줄 수 있어요. 만약 이런 사안이 발생하면 차분하고 객관적인 자세가 필요합니다. 아이의 말, 상대의 말을 충분히 들어주세요. 보통 집에서 말을 전할 때, 자신의 잘못보다는 상대의 잘못을 좀 더 구체적으로 말하게 됩니다. 거짓말하거나 과장하더라도 이해해 주세요. 갈등을 전해 들은 입장에서는 화가 치밀어오릅니다. 그런 상태에서 담임에게 전화하고 화를 낸다고 문제가 해결되는 것은 아닙니다. 좀 더 침착하고 차분한 상태에서 담임과 의논해야 합니다.

〈장난이 폭력으로〉

아이들은 조금만 건드려도 때렸다고 '폭력 신고'를 합니다. 친구를 밀거나 당기지 않도록 가정에서 사전에 주의 주세요. 호감을 괴롭힘으로 표현하거나 친구를 끌어안거나 만지는 아이가 있습니다. 과감한 스킨십도 글이나 말로 표현해야 한다고 가르칠 필요가 있어요. 지나친 장난이 갈등으로 번지는 일이 있습니다. 한쪽이 일방적으로 싫어하는 행동을 한다면 장난을 넘어서는 행동이 됩니다.

〈아이가 가해자가 되었다면〉

어떤 엄마는 맞고 오는 것보다는 친구를 때리고 오는 게 속 편하다며
"아빠가 돈 많이 벌어 놓았으니 기죽지 말고 어디 가서 맞고 들어오
지 마라."
라며 학교 폭력을 부추기더군요. 그러나 가해자가 되면 생각보다 골
치 아픕니다. 막상 아이가 학교 폭력 가해자로 지목되었다면 부모는
매우 곤혹스러울 것입니다. 여기저기서 울리는 전화벨에 노이로제까
지 생길 지경이지요. 부모로서
'내가 잘못 가르쳐서 이렇게 되었나?'
하는 자괴감이 들고 고통스러울 것입니다. 이때 가장 조심스러운 부
분은 아이를 다그치지 말아야 한다는 것입니다. 아이의 말을 차분하
게 듣고, 담임선생님, 상대자, 그리고 제3자(목격자)의 말을 침착하게
경청해야 합니다. 담임선생님과 상의하되, 상대 부모와 단독으로 만
나는 건 피하세요. 서로 감정이 격해지면 또 다른 사건이 생길 수 있
습니다. 가해자로 지목된 아이가 여럿이라면 서로 책임을 전가할 가
능성이 큽니다. 먼저 잘못을 시인하기보다는 진상조사가 우선입니다.
주동한 아이가 교묘하게 빠져나가고 그 자리에 우연히 있었던 아이가
주범으로 몰릴 수 있습니다. 또 카톡을 하다가 어떤 아이가 상대방을

욕할 때,

"그런 것도 같아."

라고 동조했다가 주범으로 몰릴 수도 있어요. 또 가해자이면서도 동시에 피해자가 될 수 있습니다.

만약 진상조사 후 아이가 가해자로 확인되었다면 먼저 빠르게 잘못을 인정하는 게 첫 번째입니다. 경미한 사안일 경우, 상대 부모에게 진심을 다해 사과하고 원만하게 합의했다면 학교 폭력으로 신고가 되지 않을 수 있습니다. 먼저 피해자 및 제삼자 등이 사안을 신고하게 되면 관련 학생의 보호자에게 사태가 알려지는 것은 물론이고 교장과 교육청에 48시간 이내 보고가 진행됩니다.

이후 교내에서 전담 기구가 조성되어 조사가 이뤄지는데 이 과정에서 심층 면담이 진행되기 때문에 어떤 진술을 하느냐가 중요한 쟁점인데 만일 이 과정에서 요건이 충족된다면 학교 폭력 대책 심의위원회가 열리며 징계를 위한 논의가 시작됩니다.

좀 더 자세하게 사항을 살펴보면 문제의 심각성과 얼마나 오랜 기간 이뤄졌는지는 물론이고 가해 학생의 고의성과 반성하는 정도 등을 고려하게 됩니다. 일단 학교 폭력으로 신고되면 아이나 부모는 씻을 수 없는 상처가 되고 그 상처가 평생 갈 수 있습니다. **학교 폭력으로 넘어갈 사안이 아닌데도 부모의 잘못된 대처로 일이 크게 벌어질 수 있다는 사실을 명심해야 합니다.** 설령 학교 폭력으로 신고되어도, 서면으로 사과해서 원만하게 해결되면 교육청으로 넘어가지 않고도 학교장 조치로 빨리 종결될 수 있습니다. 내 아이가 단순 참여자가 아니라 주동자라면 더더욱 사과해야 합니다.

어쩔 수 없이 법적으로 소송이나 교육청 학교 폭력 대책 심의위원회로 넘어갈 수 있습니다. 순위 1~3호에서 끝난다면 사과하는 반성문을 써서 낸다든지, 부모로서 탄원서를 써서 내서 쉽게 해결될 수 있습니다. **4호 사회봉사 이상부터는 생활기록부에 남아서 대학 입시나 취직에 불이익을 당할 수도 있다는 걸 인지해야 합니다.** 심각한 사안이라면 변호사를 선임하는 것을 생각해 보세요. 아이 처벌을 좀 더 감경하는 차원에서 도움이 될 것입니다. 가해자이지만 정말 억울하다고 생각한다면 변호사가 필요할 것이라고 봅니다. 변호사를 선임하더라도 상대방에게 진심 어린 사과나 치료비, 공탁 등 여러 방법으로 제공하는 것을 고려해 보세요.

부모는 피해 학생 탓으로 돌리고 싶은 심리가 있습니다. 그러나 폭력은 어떤 방법으로든 정당화될 수는 없습니다. 회피하지 마시고 사실을 인정하세요. 아이에게도 이번 경험으로 더 이상 잘못을 반복하지 않고, 바르게 성장할 기회를 갖게 해야 합니다.

사이버 학교 폭력, 지속적 괴롭힘, 신체 폭력, 은근한 따돌림, 등 학교 폭력 사례는 정말 다양합니다. 요즘엔 딥페이크(얼굴 합성 영상)나 사회관계망서비스(SNS) 계정 탈취 등 이전과 다른 방식으로 학우를 괴롭히는 일이 증가하고 있지만, 이 또한 학교 폭력이란 사실을 인식하지 못해 고스란히 피해를 보는 학생과 학부모가 많습니다. 학교 폭력 주동자 외에 그 자리에 함께 있다는 것만으로도, 가해자가 될 수 있습니다. 수학여행 가서 아침에 용변 본 아이를 놀려도 학교 폭력이 될 수 있으니 매사에 조심해야 합니다.

학교 폭력 처벌 단계

1. 피해 학생에 대한 서면사과: 가해 학생이 피해 학생에게 서면으로 사과 조치

2. 피해 학생 및 신고, 고발 학생에 대한 접촉, 협박 및 보복 행위의 금지: 가해 학생이 신고 고발 학생에게 접근 금지 처분

3. 교내 봉사: 가해 학생이 교내에서 봉사활동

4. 사회봉사: 가해 학생이 학교 외의 행정 공공기관에서 봉사활동

5. 학내외 전문가 특별 교육, 심리 치료: 가해 학생의 특별 교육 이수, 심리 치료

6. 출석정지: 가해 학생의 수업 출석 금지

7. 학급 교체: 가해 학생 피해 학생 격리를 위한 반 이동 조치

8. 강제 전학: 가해 학생 피해 학생 격리를 위한 학교 강제 전학

9. 퇴학: 퇴학(고등학생만 해당)

10. 소년원 송치

〈아이가 피해자가 되었다면〉

아이가 학교 폭력 피해 사실을 부모에게 털어놓았을 때
"네가 얼마나 바보같이 보이기에 그런 일을 당하냐?"

하며 가뜩이나 마음 아픈 아이의 상처에 소금을 뿌리는 듯한 말을 하는 부모를 보았습니다. 그런 말로 아이는 자존감이 낮아지고 더 이상 기댈 곳이 없어집니다. 아이들은 부모님이 걱정할까 봐, 혹은 일이 크게 벌어질까 봐 학교 폭력 사실을 말하길 꺼립니다. 학교 폭력 징후의 가장 큰 특징은 아이가 학교 가길 싫어한다는 겁니다. 만약 아이가 이런 사실이 있다면 그 이유가 무엇인지 세심하게 관찰하고 아이와 대화를 나눌 필요가 있습니다. 아이와 대화 나눌 때 주의할 점은 학교 폭력을 당한 것이, 절대 아이의 잘못이 아니란 점을 명확하게 인식하여야 합니다. 어떤 부모는 대화 중 아이에게 충고하거나 나무라는 경우가 있습니다.

자녀가 학교 폭력 피해자가 되었다면 먼저 자녀의 이야기를 충분히 들어봐야 합니다. 어른의 입장에서 가벼운 사안이라고 생각되더라도 가해자의 장난이라고 쉽게 생각해서는 안 됩니다.

특히 평소 친한 사이라고 생각했던 아이들 사이에서 사건이 발생하면, 장난이라고 생각하기 쉽습니다. 조금 예민하게 반응하는 것 같은 생각이 들더라도 아이의 이야기를 충분히 들어주고 주변 목격자나 선생님으로부터 사실관계를 확인해야 합니다. 아직 어린 초등학생들 사이에 발생한 일이라는 이유로 가벼운 장난으로 여기고 간과하는 경우가 있습니다. **아주 작은 사건이라도 가해 학생의 사과조차 받지 못하면, 피해 학생은 마음의 상처가 치유될 수 없습니다. 가해 학생 역시 처벌을 받지 않았기 때문에, 자기 행동이 정당한 것으로 착각하고 같은 행동을 반복할 수도 있습니다.**

사건 발생 초기에 장난이라고 그냥 넘겼다가 가해 학생의 사과조차 받지 못하고 나중에야 단순한 장난인지 학교 폭력인지 다투면 늦습니다. 경미한 사건일수록 사건 초기에 증거를 확보하지 못한 것을 후회하기도 합니다. 남과의 갈등을 싫어하는 부모일수록 아이를 돕는 데 적극적이기보다는 일을 빨리 마무리하려고 합니다. 상대가 미안해하니까 보상이 필요 없다거나, 부모가 대신 사과했으니 아이들끼리의 사과는 필요 없다고 여겨서는 안 됩니다.

아이의 **학교 폭력 피해 사실을 인지하면 바로 학교에 신고해야 합니다. 가해자 부모를 개별적으로 만나거나, 가해 아이를 만나려 하지 마세요.** 가해 아이나 가해 부모가 죄책감을 보이지 않는 모습에 흥분해서 저지르는 일로 위험한 대가를 치를 수 있습니다. 아이를 보복하거나, 위협하면 아동 학대로 신고를 당할 수 있습니다. 학교 폭력 사실을 들을 때, 아이의 감정과 상황에 공감하고, 부모가 아이를 보호해 줄 수 있다는 강한 신념을 갖도록 해야 합니다.

학교 폭력 신고 방법으로는 전화, 서면, 이메일, 휴대전화 문자로 할 수 있습니다. 학교 외 신고 방법은 117번 학교 폭력 신고센터에 전화나 문자를 하는 것입니다. 신고 접수되면 학교 자체로 종결하거나 각 관할 교육청에서 학교 폭력 대책 심의위원회를 열 수 있습니다. 사안이 심각한 경우, 형사 고발을 할 수 있습니다. 형사 고발은 별도의 절차에 따릅니다. 가해자가 만 10세 이상인 경우, 소년법상 보호조치 대상입니다.

학교 폭력 대책 심의위원회가 진행되면, 사실관계 파악을 위한 증거

확보가 필수입니다. 아이들 사이에 발생할 수 있는 장난이라고 생각하고 대응하지 않고 있다가 뒤늦게 증거를 확보할 경우 어려움을 겪는 경우가 많습니다. 해결이 안 돼 법으로 이어질 경우, 일기장은 중요한 증거자료가 될 수 있습니다. 증인이 돼 줄 만한 친구도 부담스러워 진실을 말해주지 않는 경우가 많습니다. 단순히 학교 폭력으로 신고만 하고 기다릴 것이 아니라 냉정하게 상황을 보고 내가 수집할 수 있는 증거를 수집해야 합니다. 학교 폭력이 일어나면 가장 먼저 그 상황을 사진으로 찍어두고(멍이나 상처) 현장에 있었던 사람이나 목격 학생들의 진술을 확보해야 합니다.

이런 일을 겪으면서 아이 앞에서 부모가 힘든 내색을 보이지 말아야 합니다. **아이는 자신의 일로 부모가 절망하는 것에 죄책감을 갖게 되고, 위축되며 낙인효과를 얻을 수 있습니다. 또 창피하다고 전학 가자고 부추기는 일이 없어야 합니다.** 아이는 자신의 잘못으로 일어난 일로 인식될 수 있어요. 필요하면 심리 전문가나 변호사의 도움을 받기 바랍니다. 아이들의 인생을 흔들 수 있는 학교 폭력, 그 위험에 노출된 아이들을 위해서 더 이상 억울한 일이 발생하지 않도록 하는 것이 중요합니다.

6장

친구 관계에 부모는 어떤 영향을 미칠까?

〈절대 해서는 안 되는 말〉

1. 선생님은 무서운 사람이야. - 조금 부족해도 선생님이 친절하게 알려 주실 거야.
2. 엄마(아빠)가 다 해줄게 - 또 이런 일이 생기면 어떻게 해결하는 것이 좋을까?
3. 초등학생이 되면 공부가 어려워져. - 학교란 즐거운 곳이야. (공부에 대한 스트레스를 주지 마세요.)
4. 다른 애들은 얼마나 잘하는지 알아? - 경쟁의 공간이 아닙니다. (어제보다 눈곱만큼이라도 성장했다면 축하하고 격려해 주세요.)

〈학교에서 속상한 일을 겪었다면〉

1. 아이의 마음을 안정시킵니다. 그저 들어주고 알아주고 공감합니다. "속상했겠구나", "놀랐겠구나", "화가 났겠구나"로 대답해 줍니다.

2. 객관적 상황을 파악합니다. 도움이 필요한 상황인지를 알아볼 필요가 있습니다.

3. 어려움을 겪는 상황을 객관적으로 파악했다면 적극적으로 도움을 줍니다. 종이접기를 잘하지 못한다면 함께 종이접기 책을 사서 연습을 해 보도록 합니다. 줄넘기를 잘하지 못했다면 집에서 함께 연습해 보세요.

〈학교생활 알아보는 질문 중 피해야 할 질문〉

1. 오늘 재미있었어? - 오늘 미술 시간에 뭘 만들었어?, 오늘 기억에 남는 수업은 뭐야?, 오늘 친구들 발표 중 재미있었던 발표는 뭐야? 등 긍정적이고, 구체적인 질문을 합니다.

2. 누구랑 놀았어? - 대상이 중요하다고 아이가 인지할 수 있습니다. 아이가 "혼자 놀았어."라고 대답해야 한다면 관계 맺기에 실패했다고 느낄 수 있어요.

3. 누구보다 무엇에 중점을 두기 - 무엇에 중점을 두면 누군가와 놀아야 한다는 강박관념에서 벗어날 수 있습니다.

4. 믿고 격려하며 지켜봐 주기 - 학기 초부터 친하게 지내는 아이가 없다고 미리 걱정하지 마세요. 지금 아이에게 필요한 것은 새로운 환경에서 잘 적응할 거라는 신뢰와 믿음입니다.

5. 공허한 칭찬보다는 객관적 피드백이 필요 - 잘 치지도 않는 피아

노를 잘 친다고 칭찬하기보다는 "연습을 많이 하더니 어제보다 훨씬 잘 친다. 어제 친 곡도 좋았지만, 오늘 친 곡도 참 듣기 좋아, 이 부분을 두 번 더 연습하면 훨씬 듣기 좋을 것 같은데."와 같이 구체적이고 객관적인 칭찬을 해줍니다.

〈착한 아이가 아닌 좋은 아이로 키워라〉

딸이 초등 1학년 때 생일파티를 한다고 반 친구들을 집으로 초대한 일이 있어요. 아이들이 노는 걸 우연히 들었는데, 딸아이가 계속 몇 명의 아이에게 '언니'라는 호칭을 쓰는 겁니다. 아이들이 모두 집으로 간 뒤에 친구들에게 왜 '언니'라고 부르는지 그 이유를 물었어요. 아이 대답이 유치원 다닐 때, 형님 반이었기 때문이랍니다. 아이가 2월생이다 보니 학교를 일찍 들어가서 생긴 일이지요. 같은 반이면 '언니'가 아니니 다음부터는 친구로 생각하고 이름을 부르라고 했지요. 아이가 착한 건지, 아니면 '호구'로 친구들에게 이용이나 당하는 게 아닌지 걱정스러울 때가 있어요. 건강한 자존감을 가졌다면 걱정할 필요가 없어요. '난 존재 자체로 귀한 사람이다.'라는 생각에서 한 걸음 더 나아가 '난 다른 사람에게 좋은 영향을 주는 소중한 존재다'라는 생각으로 발전시킬 수 있다면 사회에 나가서도 끊임없이 선한 영향력을 끼칠 수 있는 소중한 사회의 일원이 될 겁니다.[7]

---

7 『학교에서 빛이 나는 아이들』, 교육공동체 잇다, 도서출판 한울림, 2024

'착한아이 증후군'이란 말이 있어요. 부정적이라고 생각되는 생각이나 정서를 감추고 부모나 타인의 기대에 순응하는 착한 아이가 되고자 하는 아동의 심리상태를 말한다고 해요. 이와 같은 증상이 성인 시기까지 지속될 경우 '착한 사람 콤플렉스'라고 불리기도 해요. 성인기에 '착한 사람 콤플렉스'를 겪는 사람들은 어른이 되었어도, 여전히 자신의 감정을 솔직하게 표현하지 못하고, 타인에게 착한 사람으로 남기 위해 또는 타인에게 인정받고 사랑받고 버림받지 않기 위해 자신의 욕구나 소망을 억압하면서 지나치게 노력하게 되지요. 이러한 노력이 지나치게 되면 내면은 욕구를 억제하고 희생하는 데 따르는 우울증을 경험하기도 합니다. '착한 아이 증후군'은 부모와 정서적인 관계를 제대로 맺지 못한 아이들에게서 나타난다고 해요. 아이는 부모의 말을 듣지 않으면 부모가 자신을 사랑하지 않을지도 모른다는 불안감에 떨게 됩니다. 이러한 이유로 인해 스스로 '착한 아이'를 연기하게 되지요. 이렇게 착한 아이 증후군을 겪는 아이들은 부모에게 관심과 인정을 받기 위해서 신나게 뛰고 싶어도 뛰지 못하고, 울고 싶어도 울지 못하는 경우가 많습니다.

가토 다이조라는 일본의 사회학자는 다음과 같은 방식으로 부모가 아이들을 키울 것을 제시하고 있어요.

1. 마음껏 분노를 느끼게 해라.
2. 남에게 폐 끼치는 연습도 필요하다.
3. 자신의 확신을 선택하는 용기를 북돋워 주어라.

4. 착한 아이가 아닌 '좋은 아이'로 키워라.

5. 억압된 진짜 마음을 깨닫게 해라.

6. 제2차 억압까지 해소시키자.

7. 가면을 벗고 하나의 얼굴로 살게 해라.

7부

학교 폭력
예방하려면

1장

높은 자존감이 필요해요

〈자존감이란〉

4학년 담임을 맡았을 때입니다. 또래에 비해 무척 키도 작고, 덩치가 왜소한 남자아이가 있었어요. 그런데 이 아이는 교과 시간에도 무척 적극적이었고, 체육 시간에는 더 활발하게 참여했어요. 반 아이 모두 그 아이를 좋아했고, 그 아이도 자신의 열악한 신체조건에 전혀 개의치 않고 모든 활동에 열심히 참여했지요. 방학만 되면 자기가 앓고 있는 병 때문에, 소아병동에 입원해 있었어도 말이죠. 소아병동에 그 아이를 면회 간 적이 있는데, 여전히 밝은 얼굴을 하고 있었어요.

자존감은 개인이 자기의 능력, 판단, 힘 또는 기타 내면적 자원에 대해 느끼는 믿음이나 확신을 의미합니다. 자신감이 높은 사람은 도전적인 상황에서도 불안감이나 두려움을 덜 느낍니다. 자존감이 높은 사람은 자신의 장단점을 정확히 파악합니다. 자존감이 건강한 사람은 자신이 가진 긍정적인 부분은 적극적으로 활용하지만, 부정적인 부분을 보완하기 위해 애를 씁니다. 이들은 자기의 못난 부분을 두려워하거나 감추려 들지 않아요. 솔직하게 드러내고 피드백을 받기를 원하지요. 솔직하게 드러내는 데는 무엇보다 용기가 필요합니다. 자존감이 높은 사람의 특징은 실수하더라도 자신을 책망하거나 그런 걸 오히려 잘 극복하면서 유연성 있게 대처하고 자신감도 높고, 또 학업 성취도 높은 특징이 있어요. 자존감이 낮은 사람의 경우에는 특히 다른 사람의 말을 많이 신경 쓴다고 해요. 다른 사람이 부정적인 이야기를 하게 되면 상당히 마음이 불안해지고, 불편해지는 특성을 보이게 됩니다. 비록 공부를 잘 못하지만 그래도 학교 다니는 것이 재미있고, 친구들과 즐겁게 어울리는 것을 더 중요하게 여기는 학생은 자존감이 높게 유지됩니다. 축구를 좋아하지만, 공을 정확하게 차는 것에 자신감이 부족한 아이는 축구 시간에 늘 긴장을 하고 친구들의 눈치를 살피느라 자존감이 저하되어 있게 마련이지요. 그러나 자신이 비록 공을 잘 차지 못함을 알지만, 그래도 열심히 축구를 하려고 노력하고 친구들과도 잘 어울리려고 하면서 즐거움을 얻고자 하는 아이는 자존감이 높은 아이라고 할 수 있어요. 다시 말해 **자존감은 나의 있는 그대로의 모습에 대해서 인정을 하고 이를 긍정적으로 받아들이는 자세입니다.**

많은 사람은 자존감에 대한 오해가 있어요. 예컨대 가난한 사람, 외모가 못생긴 사람, 일의 능력이 부족한 사람 등이 낮은 자존감을 갖고 있다고 여깁니다. 그러나 사실 그렇지 않아요. 가난한 사람이 자신의 가난을 한탄하고 슬퍼하면 자존감이 낮아지지만, 자신의 가난에 대해서 크게 스트레스를 받지 않고 가족의 화목함이나 자신의 건강 등으로 행복을 느끼면 그는 누구보다도 더 높은 자존감을 갖고 있다고 할 수 있어요. 못생긴 사람 역시 자신이 외모를 탓하고 잘생긴 사람을 부러워하면 자존감이 낮아지지만, 자신의 외모보다는 내면을 중요하게 여기면서 자신의 부족한 외모를 그냥 있는 그대로 받아들이면 높은 자존감을 유지할 수 있습니다.

상처를 입었을 때 극복할 수 있는 능력을 상처 회복 능력 또는 심리적 면역력이라 합니다. 같은 공이라도 유리공은 바닥에 떨어지면 곧 깨어지고 박살이 납니다. 그리고 회복 불가능한 상태가 됩니다. 하지만 고무공은 다시 튀어 오릅니다. 마치 용수철과 같이 말이죠. 사람도 유리공과 같은 사람이 있고 고무공과 같은 사람이 있습니다. 유리공처럼 스트레스, 실패와 좌절을 경험할 때 그곳에서 허우적거리느라 일어서지 못하는 사람이 있는가 하면 고무공처럼 스트레스 상황에서도 다시 벌떡 일어나 새롭게 도전하고 노력하는 사람도 있다는 뜻입니다. 오뚜기와 같은 사람이 바로 후자의 사람이지요. 회복탄력성이 강한 사람은 실패에 좌절하지 않고 어려움에 도전하고 역경을 이겨냅니다.

부모님은 우리 아이가 스스로 자신이 얼마나 소중한 사람인지 인식하게 하는 것이 학교 폭력 예방에 상당한 상관관계가 있음을 명심해야 합니다.[8]

---

8 「자존감과 학교 폭력의 상관관계」, 서상현(진주경찰서 여성청소년과 여성청소년계 경위, 경남일보, 2022.11

자존감이 너무 높아도 좋지 않다고?

이 말은 자존감에 대한 흔한 오해예요. 스스로 존중하는 마음이 큰 아이는 상대방과 제대로 된 공감을 하지요. 칭찬과 인정을 해주면서 적절한 통제가 이루어지는 경험이 반복되면 '마음의 힘'도 더 단단해질 수 있어요. 아이들은 바깥 세상에서 많은 사람을 만나고 또 여러 일을 경험하게 되지요. 인생에는 언제나 좋은 일, 기쁜 일만 있을 수는 없잖아요. 그러나 힘든 경험과 실패할 수 있는 상황들을 겪기도 전에 부모가 모든 예방접종을 다 해주고 허용적 양육 태도로 아이를 대하게 되면 정작 힘든 일이 닥쳤을 때 마음에 강펀치를 맞은 것과 같은 타격을 입게 될 수도 있어요. 그런 경험이 없으니 더 강하고 아프게 느껴지지요. 슬픈 일을 겪어 보지 않으면 기쁜 일이 있어도 그게 얼마나 기쁜 일인지 가늠할 수 없습니다. 비에 젖은 흙이 마르면서 단단하게 굳어지듯, 사람도 어려움을 겪고 나면 더 강해지기 마련이에요.

2장

자존감을 높여주는 대화는 어떤 걸까?

손석한 소아정신과 전문의는 아이의 마음 읽어주기, 아이의 말과 행동을 긍정적으로 해석하기, 자존감을 살려주는 칭찬하기, 자율성 부여하기, 잘못된 행동에 대해서만 지적하기, 등이 자존감을 높여주는 방법이라고 말합니다.

부모의 지속적인 관심과 마음을 편안하게 해주는 대화가 아이의 자존감을 높여주는 대화의 기법입니다. 그에 앞서 부모가 먼저 행복하고 평온한 상태여야 아이와의 편안한 대화가 존재할 수 있겠지요? 아이의 이야기에 관심을 가지고 주의 깊게 들어주되, 중간에 아이의 대화를 끊지 않도록 해야 합니다. 때로는 부모의 거짓 없는 실패담이 아이에게는 큰 위로가 될 수 있어요.

TIP

'네가 최고야'라고 말해주면 버릇이 나빠질까요?

'네가 최고야'라는 긍정적인 말은 오히려 아이에게 자신감을 불어넣고 긍정적인 자아 이미지를 형성하는 데 도움이 돼요. 그러나 중요한 점은 말투와 상황에 따라 적절하게 사용해야 합니다. '최고가 아니어도 어때?'란 마음을 갖게 해주는 것이, 더 중요해요. 어떤 상황에서도 나의 장점과 부족함을 받아들이고 더 나은 존재가 되려고 노력하면 됩니다.

TIP

자존감을 높이려고 아이를 혼내지 않으려는데?

지나치게 허용적인 태도를 보이면 아이에게 주도권을 뺏기는 부작용이 발생할 수 있어요. 중심을 제대로 잡지 못하면 아이와의 원활한 상호작용에는 실패하게 되는 겁니다. 자칫하면 아이가 버릇없게 자라거나 학교나 사회의 규칙을 무시할 수도 있지요. 아이와 함께 시간을 보내거나 놀이를 할 때 시간과 규칙을 정해 놓아야 합니다. 아이가 지나친 것을 요구할 때는 단호한 태도를 보일 필요가 있어요.

평소 아이가 울음으로 모든 의사를 표현할 때 원하는 것을 들어주려 하고 아이의 요구를 언제나 받아주었다면 아이는 계속 우는 것으로 의사 표현을 하려 들 겁니다.

3장

감정 코치형 부모가 되어야 해요

　감정 코칭은 아이의 정서적 발달에 큰 영향을 미칩니다. 연구에 따르면, 감정 코칭을 받은 아이들은 스트레스 상황에서 더 잘 대처하고, 자신감이 높으며, 사회적 관계를 더 잘 형성하는 경향이 있습니다. 또한, 부모와의 신뢰 관계가 강화되어 가족 간의 유대감이 깊어집니다. 이는 아이가 성장하면서 다양한 도전과 어려움을 극복하는 데 큰 도움이 됩니다.

　감정 코칭은 학교 폭력 예방과 해결에 중요한 역할을 할 수 있습니다. 감정 코칭은 학생들이 자신의 감정을 인식하고, 이를 건강하게 표현하며, 타인의 감정을 이해하고 공감하는 능력을 키우는 데 중점을 둡니다. 이러한 능력은 학교 폭력 상황에서 갈등을 해결하고, 피해자와 가해자 모두의 심리적 안정을 도모하는 데 도움이 됩니다. 이 방법은 부모나 교사가 아이의 감정을 인식하고, 공감하며, 적절한 대처 방법을 가르치는 것을 목표로 합니다. 아이가 감정을 보일 때 하는 것이 감정 코치입니다.

　감정 코치형 부모가 되기 위해서는 아이의 감정을 이해하고, 이를 효과적으로 다루는 방법을 배우는 것이 중요합니다. 존 가트맨 박사(John Mordecai Gottman, 미국 심리학자)의 감정 코칭 5단계는 이를 위한 좋은 가이드라인을 제공합니다.

1. 감정 포착: 아이의 감정을 인식하고 이해합니다. 아이가 슬픔, 분노, 두려움 등 어떤 감정을 느끼고 있는지 파악하는 것이 첫 단계입니다.
2. 감정 개입: 아이의 감정적 순간을 기회로 삼아, 아이가 그 감정을 표현하고 이해할 수 있도록 돕습니다.
3. 감정 공감: 아이의 감정을 경청하고 공감합니다. 아이의 감정을 무시하거나 축소하지 않고, 진심으로 이해하려고 노력합니다.
4. 감정 표현: 아이가 자신의 감정을 표현할 수 있도록 돕습니다. 언어로 표현하기 어려운 경우, 그림이나 색깔 등 다른 방법을 사용할 수 있습니다.
5. 감정 해결: 아이가 자신의 감정을 해결할 수 있도록 도와줍니다. 아이가 스스로 문제를 해결할 수 있도록 지지하고, 필요한 경우 힌트를 제공합니다.

조벽 교수는 감정 코칭을 다음과 같이 제안합니다.

1. 행동 코칭을 하지 마라 (잔소리하지 마라): 아이의 행동보다는 감정에 집중하라는 의미입니다.
2. 지지한 다음 지도하라: 먼저 아이의 감정을 이해하고 지지한 후에 바람직한 행동으로 선도합니다.

지지의 단계는 다음과 같습니다.

1단계: (감정 포착) 아이의 감정을 빠르게 인식합니다.
2단계: (좋은 기회로 여긴다) 아이의 감정을 긍정적으로 바라봅니다.
　　　아이는 부모의 긍정적 시선 안에서 행복하게 자랍니다.
3단계: (감정을 말로 표현하게 돕는다) 아이가 자신의 감정을 정확히 말
　　　로 표현하도록 돕습니다.
4단계: (감정을 들어주고 공감한다) 아이의 감정을 경청하고 공감합니다.

감정 코칭이 할 수 있는 가장 중요한 일은 부모와 자녀 간에 커뮤니
케이션 통로를 늘 열어준다는 점입니다. 감정을 묵살한다고 감정들이
사라지게 만들 수는 없습니다. 아이가 감정 코칭으로 얻은 효과는 평
생을 가게 됩니다. 아이는 슬플 때 슬픈 감정을 알려주고, 무언가 결
여되면 그게 무엇인지 알려주고, 화가 나면 화가 났다는 것을 알려주
는 GPS를 지니고 사는 것과 같습니다. 이는 인생의 방향을 알려주는
등대 역할을 합니다.[9]

---

9 『존 가트맨·최성애 박사의 내 아이를 위한 감정 코칭』, 존 가트맨·최성애 ·조벽, 한국경제신
　문, 2011

감정 코칭을 하지 말아야 할 때도 있어요

1. 다른 사람이 있을 때

다른 사람이 있으면 두 사람이 서로 집중할 수 없고, 주변 상황을 신경 쓰느라 진정으로 소통하기 어렵습니다. 엄마와 단둘이 있을 때는 말을 잘 듣던 아이가 다른 사람과 있으면 떼를 쓰는 경우가 있어요. 평소에 과자나 아이스크림을 먹지 못하게 했는데, 아이 편을 들어주는 할머니나 할아버지가 옆에 있으면 자기 요구 사항을 관철하려할 수 있습니다. 엄마도 주위 시선을 인식해서 겉으로만 감정을 읽어줄 수 있어요. 이럴 때는 둘만의 장소로 이동하거나 아이와 했던 약속을 주지시켜 줍니다.

2. 시간에 쫓길 때

아이가 아주 어렸을 때는 아침 출근이 쉬웠어요. 어느 정도 자라자 엄마와 떨어지는 것을 싫어해서 아침이면 어린이집에 가기 싫다고 울기 시작했습니다. 이럴 때는 감정 코칭보다는 빨리 어린이집에 보내야한다는 생각만 들게 마련이지요. 차라리 출근 시간을 늦추거나 15분정도 이른 시간에 아이와 충분히 감정 코칭을 해주는 게 낫습니다.

3. 아이의 안전이 최우선일 때

아이가 학대나 성폭력, 폭력을 당했을 경우, 감정 코칭은 금물입니다. 일단 아이를 안전하게 보호하고 안심시키는 일이 더 중요하기 때문입니다. 그런 일이 발생하면 부모나 가족도 충격을 받아 적절한 대응을 하지 못합니다. '안전'을 먼저 취하는 게 급선무입니다. 어쩔 수 없이 일어난 사고지, 결코 아이의 잘못이 아니란 점을 반드시 알려주어야 합니다.

4. 감정 코칭을 해야 할 사람이 몹시 흥분했을 때

부모도 사람인지라 아이가 자기의 의견을 강하게 표현하거나, 억지를 쓸 때 감정에 휩싸일 수 있습니다. 겉으로는 화가 난 것을 감출 수 있어도 그런 상태에서 감정 코칭은 어렵습니다. 감정 코칭은 감정을 드러낸 사람의 감정을 공감해 주고 해결점을 제시해 줘야 하는데, 그것을 해줄 부모가 흥분하면 타인의 감정을 공감해 줄 수 없습니다.

5. 자해 또는 가해와 같이 극단적인 행동을 할 때

K는 흥분하면 어른에게도 욕을 하며 자해하고, 소리를 지릅니다. 어떨 때는 친구를 물기도 합니다. 이럴 때는 단호하게 대처해야 합니다. 아이의 감정을 읽는 것보다는 주변의 안전 즉 아이의 안전에 우선 순위를 두고 상대에게서 떼어놓아야 합니다.

6. 부모가 자신의 목적을 달성하려는 의도가 있을 때

부모가 억지로 태권도 학원이나 피아노 학원을 보내려는 의도가 있을 때, 살살 달래가며 자신의 의도대로 아이를 조종하고 싶을 때가 있습니다. 이럴 때 아이는 부모의 의도를 귀신같이 읽습니다. 뻔히 보이는 의도를 가지고 아이를 대하면 아이는 부모의 신뢰를 의심하게 되고 부모를 향한 거부감이 생길 수 있습니다. 감정 코칭은 진정성을 담보로 합니다.

7. 아이가 거짓 감정을 꾸며댈 때

아이도 가끔 자기감정을 위장합니다. 거짓 감정을 꾸미는 것도, 거짓말을 하는 것도 다 아이의 발달 과정입니다. 그렇지만 그런 것까지 공감할 필요는 없어요. 아이가 거짓말하거나 거짓 감정을 꾸며댈 때는 단호하게 대응해야 합니다. 그래야 습관이 되지 않습니다.

"울지 않으면 엄마가 더 혼낼까 봐 일부러 더 우는 척했구나. 이제라도 솔직하게 이야기해 줘서 엄마는 정말 고맙구나."

라고 '나-전달법'으로 전해주세요.

"넌 어째 속이 보이는 거짓말을 그렇게 잘하니?"

라고 '너-전달법'으로 꾸지람을 한다면 아이에게 역효과와 악순환이 생길 수 있습니다. 정직의 중요성과 거짓말하고도 반성하지 않는 점이 더 나쁘다는 점, 아이에 대한 훈육이지, 엄마는 너를 사랑한다는 점을 전달하는 걸 잊지 말아야겠지요?

5장

아빠의 무관심이 편하다고요?

저는 딸을 정해진 틀에 가두고, 모범생의 길을 가게 하고 싶었습니다. 제가 자라온 방식대로 딸을 가르치고 싶었습니다. 그러나 남편은 샌님처럼 자라면 앞으로 닥칠, 어려운 문제를 이겨낼 수 없다고 했습니다. 중학교 때 아이가 가발을 사고 싶다면 남편이 같이 가서 사주고, 유명 그룹의 콘서트에도 새벽같이 일어나 운전해서 아이를 데리고 갔습니다. 아이가 넓은 세상에서 주어진 다양한 상황을 경험하되, 그 경험을 통해 현명하고 확고하게 자신의 문제를 판단할 수 있는 해결력을 키워줄 수 있다고 했습니다. 생각해 보니 일리가 있기에 남편의 방식을 묵묵히 따르기로 했습니다.

문제는 다른 데 있었습니다. 딸과 남편은 둘만의 비밀이 있었어요. 예를 들면 비싼 운동화를 사주고, 제겐 가격을 속이는 일, 등입니다. 그런 비밀을 처음에는 몰랐는데, 딸이 나중에 이야기하여 알게 되었습니다. 계모가 된 기분이 들었습니다. 참담한 마음이 들었지만, 딸에게

"아빠가 너에게 좋은 것을 사주고 싶어서, 그런 모양인데 엄마도 같은 마음이야. 아빠는 쓸데없이 돈을 낭비한다고 걱정할까 봐 엄마에게 그런 거짓말을 하나 보다."

라고 설명했습니다. 남편과 둘이 있을 때, 아이의 물건을 살 때는 같

이 의논해서 사자고 하고, 그런 거짓말을 하지 않았으면 좋겠다고 이야기했습니다. 그런데 더 속상한 일이 일어났습니다. 딸이 무슨 일로 짜증을 내거나, 우울해하면 엄마인 제가 야단을 치거나 잔소리를 한 것으로 남편은 판단했습니다. 딸이 있는 앞에서 제게

"무슨 일로 애를 혼낸 거야?"

라고 소리 질러 제 마음을 아프게 했습니다. 아이를 위하는 마음은 이해하지만, 지나치다는 생각이 들었습니다. 이렇듯 자녀 교육에서 부부 갈등으로 문제가 이어지기도 합니다. 억울하고 마음 아팠지만, 자주 대화를 가지면서 꼬인 실타래를 풀어갔습니다.

학부모를 만나 상담하다 보면 아빠보다 엄마가 더 세세하게 교육에 관여하는 경우를 많이 봅니다. 그러다가 자녀가 학교 폭력 문제에 조금이라도 관련되었다 싶으면 우리 남편이 가만있지 않겠다고 한다며 협박조로 담임을 겁주려는 일도 종종 보았습니다. 아빠가 나서면 더 큰 문제로 확대된다는 의미겠지요. 아빠의 적당한 무관심이 더 편하다는 주장도 있습니다. 과연 아빠의 무관심이 편한 걸까요? 부부 중 한쪽으로 일임하는 게 더 좋은 걸까요? 제 생각엔 부부가 교육관에 대해 서로 대화하면서 때론 싸우면서 균형을 맞춰가는 게 좋다고 봅니다. 물론 아이가 옆에 없을 때 대화를 해야겠지요? 학원이나 과외를 보내는 문제로 아빠와 엄마가 다투기도 합니다. 어떤 아빠는 주변 엄마들 성화에 자녀를 학원을 보내려고 한다고 엄마를 탓하기도 합니다. 여기서 중요한 것은 아이의 상황을 객관적으로 보는 것입니다. 아

이의 성향, 학습 태도, 동기 등 상황에 따라 다른 답변이 나올 수 있다고 봅니다. 엄마가 아이를 학원에 보내지 않고도 직접 자신 있는 과목을 지도할 수 있습니다. 지인 중엔 엄마가 늦게 퇴근하니, 아빠가 직접 아이들 수학, 영어를 가르치는 경우도 보았습니다. 초등 시기에는 기본 학습을 갖추는 게 중요합니다. 고학년으로 올라갈수록 복습과 예습이 필요합니다. 노는 것도, 책 읽는 것도 부모와 함께 머리를 맞대고 계획을 세우면 좋겠습니다.

어떤 아빠는 저녁에 퇴근하면 아이와 함께 몇 시간씩 게임을 합니다. 그런 문제로 엄마와 갈등이 생깁니다. 자녀와 함께 게임을 할 때는, 아빠와 만나기 전 아이가 친구랑 하루에 몇 시간 인터넷 게임을 했는지, 알아 두어야 합니다. 자녀가 하루에 몇 시간 게임을 하는지 모른다면 아이와 게임을 하지 않는 게 현명한 방법입니다. 만약에 아이가 게임으로 시간을 많이 보냈다면 퇴근한 아빠랑 농구나 공놀이를 하는 게 더 좋습니다.

아이들은 부모님이 생각하는 것보다 눈치가 빠릅니다. 아이 앞에서 상대의 양육 태도가 잘못되었다고 말한다면 아이 또한 상대 배우자의 의견을 따르지 않게 될 겁니다. 가족의 화목을 위해서라도 아이 앞에서는 말을 조심하고 배우자의 의견을 크게 비판하지 않는 것이 중요하답니다. 부모는 아이의 거울입니다. 서로 마음에 들지 않는 부분이 있더라도 서로 양보하는 모습을 보인다면 아이도 그러한 마음을 배우며 자랄 거예요. 부모의 관계가 아이에게 많은 영향을 미친다는 사실을 잊지 마세요! 부모의 일관성 있는 양육 태도는 무엇보다도 자녀에게 안정감을 제공합니다. 자신이 아무리 어려운 상황에 있다 할지라도 부모는 나의 안전한 울타리가 되어 줄 것이라는 믿음을 형성하게 됨으로써 심리적 안정감을 경험하게 됩니다.

부모가 감정 기복이 심하고, 원칙이 흔들린다면, 부모 자체가 자기 조절이 부족한 모습으로 비칠 것입니다. 화가 나고 조급한 마음은 모든 일을 감정적으로 처리하게 만듭니다. 호흡을 고르고 잠시 생각을 멈춰 보세요. 마음에 여유가 있어야 자신의 감정을 객관적으로 직시하게 되고 육아의 일관성도 지킬 수 있습니다. 부모가 자신의 감정 상태에 따라 어떤 날은 용서가 되는 일이 어떤 날은 용서가 되지 않는다면, 자녀는 어떤 기준에 자신을 맞춰야 할까 혼란스러울 것입니다. 부모의 모순적 태도는 아동을 정서적으로 불안정하게 만듭니다. 왜냐하면, 어떠한 행동이 바람직한지. 또 어떻게 행동하는 것이 좋은가에 대한 기준을 세울 수 없고, 또 배울 기회도 없기 때문입니다. 이러한 분위기 속에서 아이는 당황하게 되고, **이랬다저랬다 하는 태도 때문에 반발심이 생겨서 부모에 대해서 적개심이 생기고, 이것이 발전되면 반사회적 행위나 품행장애로 나타나기 쉽습니다.** 좌절감과 열등감이 생기고 이에 기인하여 정서적 긴장이 생기게 되어, 이를 자유롭게 방출하지 못할 경우, 여러 가지 행동장애나 정신 및 신체장애가 나타납니다. 이러한 이유로 학교 폭력에 가담하기도 합니다.

거시적 관점에서, 초등학교 입학 전에 미리 서로의 교육관을 조율하시기 바랍니다. 실제 역할에서 지치지 않도록 상대방의 뛰어난 점을 중심으로 서로 역할을 분배해 주시기 바랍니다. 자녀교육은 부모 모두의 역할입니다. 아이는 부모의 태도에서 조율, 타협, 대인관계를 배울 수 있습니다. 자녀 교육서를 자주 읽고, 삶의 가치관을 풍요롭게 만드는 게 중요합니다. 자신의 행복을 위해 부모 자신을 돌봐주세요. 그래야 온 가족이 행복해집니다. 행복한 부모님 슬하에서 아이는 저절로 성장하며 행복해집니다.

6장

문제 부모가 문제아를 만든다?

〈잘못된 사랑이 아이를 망친다〉

몇 년 전 지인과 태국의 방콕으로 여행을 갔습니다. 유명하다는 식당에 예약하고, 점심을 먹으려 들어서니 과연 성대하게 밥상 가득 먹음직한 요리가 올라와 있었습니다. 그런데 처음 보는 할머니가 저희 식탁으로 와서는 물었습니다.

"죄송하지만, 여기 있는 새우튀김 제가 가져가면 안 될까요? 손주가 워낙 좋아해서요."

처음에는 무슨 말인지 선뜻 이해가 가질 않았습니다. 한참 후에야 말도 안 되는 부탁이란 걸 깨닫게 되었어요.

"저희는 이제 막 도착해서 음식을 먹으려 하는데요. 손주가 좋아하는 음식이라면 돈을 지불해서 추가 주문하는 게 맞는 것 같네요."
라고 대답해 주었습니다. 손주가 먹겠다고 다른 사람의 것을 가져가겠다는 할머니의 사랑이 옳은 사랑일지 의문이 들었어요. 그런 행동을 보며 자란 손주는 앞으로 어떤 생각을 하게 될까요? 다른 사람의 권리는 무시한 채, 자신의 욕망만 채우면 된다는 관점에서 살아가진 않을까요?

아파트 상가에서 드러누우며 우는 아이를 보았습니다. 아이는 무언가를 사달라고 떼를 쓰는 중이었어요. 마음에 안 들거나 제 뜻대로 되지 않으면 이렇게 좌절감을 견디질 못하는 아이가 많습니다. 요즘 부모들은 '안 돼!'라는 말을 제대로 하지 못합니다. 부모가 베푸는 과한 친절을 당연하게 여기며 삽니다. 사물함이나 책상 정리도 엄마가 와서 다 해줍니다. 등교 시간에는 현관까지 따라와 실내화를 신겨줍니다. 책가방도 엄마가 챙겨 주고, 체육복을 입고 오지 않은 날에는 엄마가 입혀 주지 않았다고 책임을 엄마에게 전가합니다.

아이가 자라면 사람들과 교류해야 합니다. 혼자서는 살 수 없습니다. 까다로운 상사를 만날 수도 있고, 사소한 일로 사회생활에서 갈등을 겪을 수 있습니다. 비바람도 맞고 폭풍우에도 견뎌야 나무가 자라듯이, 혼자서 아무것도 못 하는 나약한 사람이 되어서는 사회에서 도태되고 맙니다. **아이가 더불어 살기 위해서는 사회 규범을 익히고 다른 사람을 배려해야 합니다. 사회의 한 구성원으로 자리매김하고 살아갈 수 있도록 부모의 덜 친절한 사랑이 필요합니다.** 늘 부모가 해주는데 익숙한 아이는 제 앞가림을 못하는 사람이 되는 것이, 당연합니다. 험난한 세상으로부터 보호해 주려는 지나친 책임감에서 벗어나야 합니다.

〈잘못되면 부모 탓인가, 친구 탓인가?〉

얼마 전 한 아빠가 아이 문제로 학교에 상담을 왔습니다. 그 아이는 충동 조절 장애로 수업 중 게임에 지거나, 문제 풀이에 자신이 없거나, 급식에 먹기 싫은 음식이 나오면 소리를 질러, 주변 아이들에게 불편함을 주고, 수업을 방해했습니다. 교감 선생님이 교실에 올라가 아이를 분리하여 다른 장소로 데려가면 자신의 신체를 마구 때리며 교감 선생님이 때렸다고 그렇게 집에 얘기하겠다고 합니다.

"교감을 이따위로 가르친 교장 나와!"

라며 계단에서 소리치기도 합니다. 학교에서 있었던 일을 아빠에게 알리면 아빠가 폭력을 쓴다며 아이는 집에 연락하는 걸 극도로 싫어했어요. 아빠는 그 아이를 감당하기 어렵다고 아파트 같은 라인에 사는 조부모에게 아이의 양육을 맡겼습니다. 그 아이를 맡은 담임선생님은 명예퇴직을 신청하였어요. 그 반 학부모들은 수업권 방해로 그 아이와 학부모를 고소하겠다고 떼로 몰려왔습니다. 아이의 학년이 올라갈 때마다, 교사들은 그 학년 담임과 부장을 희망하지 않아 힘들었습니다. 그래서 의논 끝에 '의무학년, 부장 순환제도'를 만들었어요.

폭력과 욕설은 아이를 더 망치게 하는 길입니다. 아이들이 화를 못참고 폭력을 쓰는 이유는 여러 가지가 있지만, 가정 내에서의 폭력과 증오감도 한 원인이 될 수 있어요. 집에서 부모가 화를 자주 내면 아이들도 무의식적으로 자신이 배운 폭력적인 해결 방식을 따라 하게됩니다. 부모가 가정 내에서 자주 보여주는 말과 행동이 적대적이고 폭력적이면 아이는 그대로 답습할 수밖에 없습니다.

4학년인 어떤 아이는 원고지 가득 음식 이름만 열거해서 한글날 글쓰기로 제출하였습니다. 김치찌개, 돈가스, 햄버거, 피자, 오므라이스 등으로 꽉 채운 글을 보고 놀라, 담임선생님은 엄마에게 이 사실을 전화로 알렸습니다. 조심스레 병원 검사받을 것을 권했지만, 엄마는 자신의 아이가 정상인데 왜 이런 내용으로 상담을 받아야 하는지 불쾌하다는 반응이었어요. 결국 담임선생님이 그런 권고가 잘못되었다는 사과를 드린 다음에야 몇 시간이 넘는 전화를 종료할 수 있었습니다. 엄마, 아빠가 다 고학력에 남부럽지 않은 재력을 가졌고 아이에게 많은 사랑을 주었지만 예기치 못하게 알 수 없는 이유로 아이가 자폐나 ADHD인 경우가 많습니다. 부모가 사랑하지 않은 탓도 아닌데, 이런 진단을 받으면 부모는 가슴이 무너져 내립니다.

1997년 미국 컬럼바인 고등학교에서 총기 난사 사건이 일어났습니다. 3학년 학생인 에릭과 딜런은 총기 난사로 12명의 학생과 한 명의 교사를 죽이고 21명을 다치게 했습니다. 『나는 가해자의 엄마입니다』는 이 사건 속 딜런의 엄마인 수 클리볼드가 쓴 책입니다. 그녀는 이 책에서 딜런은 화목한 가정에서 부모의 사랑을 듬뿍 받았고, 친구 관계도 좋았다고 합니다. 그렇다면 왜 이런 일이 일어나는 걸까요? 저자는 이 책을 저술하면서 청소년기의 우울증과 친구 관계로 인한 뇌 기능 악화의 심각성을 알게 되었다고 합니다.

아이의 모든 문제가 부모 때문인 것은 아닙니다. 아이는 타고난 것과 길러진 것의 합이지요. 타고난 부분에 상당히 어려움이 있는 아이들도 있고, 부모가 애를 써도 아이 자체가 굉장히 키우기 어려울 수 있습니다. 사람의 행동과 성격은 여러 요인에 의해 형성되기 때문에, 단순히 부모나 친구 중 하나의 탓으로 돌리기는 어렵습니다. 부모는 초기 성장 과정에서 중요한 역할을 하며, 가치관과 행동 양식을 형성하는 데 큰 영향을 미칩니다. 반면, 친구는 청소년기와 성인기에 막대한 영향을 미치며, 사회적 기술과 대인관계에 영향을 줍니다.

경력이 많은 선생님은 '문제 부모가 문제아를 만든다.'라는 말에 대체로 동의하는 편입니다. 오은영 박사는 아이가 어릴수록 부모가 아이의 문제 중 하나라도 개선해 보려고, 문턱을 넘고, 끝까지 최선을 다하는 사랑으로, 키우라고 조언합니다. 만약에 아이의 문제가 부모 때문이라는 이야기를 듣게 될 때, 대체로 반성할 줄 아는 부모가 희망적이라고 합니다.

〈아이의 울타리가 되어라〉

딸이 중학생 때 심리검사를 마치고 교내상담이 있었어요. 상담교사는 다음과 같이 제게 이야기했습니다,

"이 아이는 호기심이 많고 바깥세상에 모든 참견을 다 하고 싶어 합니다. 얼핏 보면 나쁜 길로 빠질 수 있어 보이는데, 그 발목을 잡는 건, 부모님의 엄청난 사랑입니다. 반면 창의성이 매우 높은데, 부모의 간섭이 심하면 그 창의성이 몽땅 사라질 수 있어요."

아이가 또래보다 성숙해서 여러 일을 벌일 때마다 야단치고 싶었고, 잔소리하고 싶었어요. 이를 악물고 참았던 것은, 상담 선생님의 조언 때문이었습니다. 왕성한 호기심은 학습 동기로 연결된다고 최면을 걸었습니다. 사춘기 시절 아이 스스로 낮은 자존감을 탓할 때, 네 곁에 아무도 없어도 엄마는 네 편이란 신뢰를 주었습니다. 지금까지 단단한 엄마의 울타리를 아이에게 주었고 지금도 그런 울타리에서 세상을 향해 당당하게 나가길 바랍니다.

내 아이가 학교에서 스타이고 학업성적이 좋다고 하면 엄마들 모임에도 당당하게 나가고 적극적으로 활동하게 됩니다. 반대로 내 자녀가 문제가 있거나 장애가 있다면 모임이 꺼려집니다. 자신의 아이가 남에게 피해를 주는 위치라면 더 어려워지지요. 아이가 장애가 있다면 자신과는 전혀 다른 고민을 토로하는 이들과는 공감대 형성이 어려워집니다.

'예전에 학교 다닐 때 잘 나가던 내가 자식 때문에, 이렇게 기죽으며 살아야 하나?'

하는 한탄에 삶에 대한 분노가 고스란히 자식에게 전해집니다. 한편으론 아이의 행동, 친구 관계, 학업, 생활 습관에 조금이라도 잘못된 것이 눈에 띄면 불안감이 엄습해 오기도 하지요. 그러면서 더욱 아이에게 집착하게 되기도 합니다. 부모 자신이 어렸을 때부터 꿈을 키우고 노력했지만 좌절되었던 자신의 꿈을 아이에게 투영하여 욕심을 부리기도 합니다. 자신의 불안으로 아이를 구속하고 싶어질 때, 이 아이는 무엇인가가 되어 내 자랑거리가 되려고 태어난 것이 아니고, 태어난 것 자체로 내게 얼마나 많은 행복을 주었는지 상기해 보세요. 아이는 내 손의 다이아몬드 반지가 아닙니다.

아이가 시험을 잘못 볼 수도 있고, 학급에서 미미한 존재로 보일 수 있어요. 남보다 학업성적도 특출하지 않고, 옆집 아이와 비교하면 속 터지게 느려 보일 때가 많습니다. 타인의 칭찬과 관심이 없어도 아이가 오뚜기처럼 탄탄하게 일어서려면 응원해 주세요.

"괜찮아!"

"실수할 수 있어."

"또 할 수 있어."

"일어날 수 있다니까!"

"네 곁엔 엄마(아빠)가 있잖아."

아이의 삶에 함부로 개입하지 않고, 간섭하지 않고, 방해하지 마세요. 아이가 손 내밀 때, 필요할 때 손잡아 주세요. 밥을 맛있게 먹으려면 뜸 들이는 시간이 필요하듯, 아이를 믿고 기다려 주세요. 아이의 선택을 존중해 주세요. 너무 잘하려고 애쓰지 않아도 좋아요.

  1, 2학년 담임을 맡으면 가장 많이 받는 전화가 ○○이랑 앉기 싫으니 자리를 바꾸어 달라는 것입니다. 담임선생님까지도 정서적으로 문제가 있는 아이를 맡기 싫어합니다. 그런데 요즘은 그런 아이가 한 반에 두세 명씩 있습니다. 살아가면서 나에게 긍정적인 영향을 끼치는 사람, 남에게 피해를 주지 않는 사람만 만나지 않습니다. 실제로 악의적인 행동을 일삼는 사람, 의도적인 괴롭힘을 주는 사람도 이 세상에는 넘쳐납니다. 학교 안의 아이들이기에 타인에게 불편감을 주는 사람의 존재가 너무나 힘겹고 불편하게 느껴질 수도 있지만, 그런 사람을 평생 회피하면서 살아갈 수는 없다는 것을, 우리는 이미 너무나 잘 알고 있습니다. 그 과정에서 그 친구가 상처를 받지 않도록 같은 반 친구들이 배려해야 하는 것도 중요하다고 봅니다. 그 친구가 낫고자 하는 의지와 노력을 보여준다면, 노력을 원하기는 하지만 그 방법을 모르고 있어 어려움을 겪고 있는 태도를 보인다면, 그때부터 포용과 협력의 자세로 도움을 주어야겠지요. 그렇지 않으면 학교는 폭력 신고로 넘쳐나고, 매일 살얼음 딛는 분위기에서 공부하게 될 것입니다.

  아이가 힘들어할 때, 엄마가 관심 갖는다는 것을 보여주되, 절대로 답을 주지는 마세요. 단지 의논할 기회를 만들어 보세요. 스스로 생각하고 결정할 시간을 주세요. 공부도 마찬가지입니다. 처음에는 아이의 공부에 도와주되, 점차 스스로 공부할 수 있도록 관심을 덜어야 합니다. 잘못된 결정으로 아이가 시행착오나 실패를 겪어도 그것 또한 아이가 자라는데, 자양분이 될 것입니다.

도움닫기를 하는 아이가 천천히 달리다가 '부~웅'하고 가속도가 붙어 어느 순간 착지할 순간이 있을 겁니다. 그 가속도는 부모님과 선생님이 만들어 주십니다. 그 가속도가 친구 관계에서 나타날 수도 있고, 학업 성장에서 생길 수도 있습니다. 올바른 방향으로 아이가 세상과 더불어 살아가는 방법을 익히길 바랍니다. 자전거의 두 바퀴처럼 우리 부모님이 선생님과 함께 아이를 올바른 방향으로 이끌어 주시길 두 손 모아 바라는 마음입니다.

참고 서적

『2022 교육과정』, 교육부 고시 제2022-33호, 2022

『두근두근 초등 1학년 입학 준비』, 하유정, 빅피시, 2022

『미리 준비하는 1학년 학교생활』, 최정아, 교육과 실천, 2022

『부모와 함께 자라는 아이의 사회성 수업』, 이영민, 팜파스, 2018

『슬기로운 초등생활』, 옥효진·김가은, 호밀밭, 2024

『우리 아이가 처음 학교에 갑니다』, 김선, 포레스트북스, 2023

『우리 아이 첫 입학 준비』, 김성화, 서사원, 2023

『워킹맘을 위한 초등 1학년 준비법』, 이나연, 글담출판, 2019

『조선미의 초등생활 상담소』, 조선미, 북하우스, 2024

『존 가트맨·최성애 박사의 내 아이를 위한 감정 코칭』, 존 가트맨·최성애·조벽, 한국경제신문, 2011

『첫아이가 초등학교에 갑니다』, 전예름, 권정아, 최선미, 김예람, 로그인, 2020

『초등생활 처방전』, 이영민, 21세기북스, 2014

『초등학교 생활백서』, 유영덕·이성희·유덕수·김종진, 책비, 2016

『초등학교 1학년 열두 달 이야기』, 한희정, 도서출판 이후, 2019

『한 권으로 끝내는 초등학교 입학준비』, 김수현, 청림Life, 2014

『학교에서 빛이 나는 아이들』, 교육공동체 잇다, 도서출판 한울림, 2024